Linda Giese

Chakra FOOD

Kochen als Heilung

Aquamarin Verlag

Deutsche Originalausgabe
1. Auflage 2017

Voglherd 1 • D-85567 Grafing

Umschlaggestaltung: Annette-Wagner
Bildnachweise:

Druck: Finidr
ISBN 978-3-89427-795-6

Das Konzept der Chakras

Die Idee von den Chakras und dem mit ihnen verbundenen Energiesystem beruht auf jahrtausendealten Überlieferungen. In ganzheitlichen Heilungskonzepten wie der traditionellen indischen Heilkunst Ayurveda und in der Traditionellen Chinesischen Medizin (TCM), ist die Chakra-Lehre ebenso zu finden wie im Yoga. Mit Hilfe der Chakra-Lehre können Körper, Geist und Seele zusammengeführt und gemeinsam achtsam behandelt werden.

Was sind Chakras?

Das Wort *Chakra* stammt aus dem Sanskrit und wird als „Rad" übersetzt. Die Chakras werden als trichterförmige Energiewirbel verstanden, die Lebensenergie aufnehmen und leiten. Ihre verbindende Wirkung reicht sowohl über den menschlichen Körper in das umgebende Energiefeld wie auch in den Körper hinein. Die kosmische Lebensenergie, das sogenannte *Prana*, fließt durch Kanäle im Körper, die *Nadis*, und findet sich in allen Lebewesen (Iyengar, 2008, S. 57). Sie sind im Westen auch aus dem Bereich der Akupunktur unter dem Namen *Meridiane* bekannt. Die Chakras selbst sind als Schalt- und Verteilungspunkte dieser Lebensenergie zu verstehen. Sie soll möglichst gleichmäßig, ungehindert und ohne Unterbrechungen fließen können (Brenner, 2004, S. 89 und 106). Die Energiezentren befinden sich im physischen und feinstofflichen Körper um eine Person. Im physischen Körper sind die Chakras an Stellen positioniert, an denen sich Nervenzentren befinden, und haben eine Verbindung zu verschiedenen Körperdrüsen (Chi, 2014). Durch die Anbindung der Chakras an das einflussreiche vegetative Nervensystem können sie Energien weit im Körper verteilen und so aktivierend oder beruhigend auf verschiedene Organe und Drüsen und die damit einhergehenden Funktionen wirken. In traditionellen Lehren, wie dem Yoga, wird zudem davon ausgegangen, dass die durch die Chakras geleitete Lebensenergie geistige und intellektuelle Funktionen sowie die Emotionen beeinflusst.

Chakras

Einleitung

Liebe Leserin, lieber Leser,

in diesem Buch möchte ich Erkenntnisse und Erfahrungen mit dir teilen, die eine positive Konstante in meinem Leben geworden sind. Gerne möchte ich dich dabei unterstützen, dein Wohlbefinden durch den achtsamen Umgang mit den Energiezentren deines Körpers zu verbessern.

Die Arbeit mit den Chakras habe ich durch einen Heiler kennengelernt. Er schenkte mir Chakra-Scheiben, die ich zur Harmonisierung auf die Chakra-Punkte meines Körpers legen sollte. Natürlich habe ich die Scheiben sofort ausprobiert. Die Wirkung dieser Energie-Werkzeuge war für mich tief beeindruckend, und ich entschied, mich tiefer mit dem Konzept der Chakras auseinanderzusetzen. Inzwischen ist ein bewusster Umgang mit den Energiezentren ein zentraler Teil meiner Arbeit in der Lebensberatung und nimmt auch eine wichtige Stellung in meinem Privatleben ein. Ich achte auf mein Wohlbefinden und nehme mir Zeit für die Energiearbeit mit den Chakras. Gerne lege ich meine Chakra-Scheiben auf oder nutze andere Energie-Werkzeuge. Wann immer ich Zeit finde, meditiere ich und visualisiere dabei meine einzelnen Chakras, um mir eine Auszeit vom Alltag zu nehmen.

Der achtsame Umgang mit den Chakras und ihre bewusste Pflege tragen ebenso zu unserem Lebensgefühl bei wie die Beschaffenheit unserer Gedanken. Durch die Aktivierung und Öffnung der Energiezentren unseres Körpers erlangen wir einen freien Fluss der Lebensenergie. So können wir Bewusstwerdung und Erweiterung erreichen, die zu einem tiefen Frieden in uns führen können.

Mit diesem Buch erhält mein Wissen über die Arbeit mit den Chakras und der liebevolle Umgang mit sich selbst einen Rahmen. Ich möchte dir zeigen, wie wichtig und hilfreich die achtsame Kommunikation mit den Chakras für ein erfülltes Leben und für dein Wohlbefinden ist. Zugleich biete ich dir verständliche Erklärungen, einfache Übungen und wertvolle Rezepte an, die du ausprobieren kannst.

Ich wünsche dir eine entspannte und schöne Zeit!
Deine Linda Giese

Inhalt

Die sieben Haupt-Chakras

Im und um den menschlichen Körper gibt es eine Vielzahl von Chakras, doch sieben im Körper liegende von ihnen werden als Haupt-Chakras bezeichnet. Auf sie zielt die Energiearbeit hauptsächlich ab (Chi, 2014).

Die sieben Haupt-Chakras: Position und Bedeutung

Wurzel-Chakra: Die stabile und verlässliche Basis

Das erste der sieben Chakras ist das Wurzel-Chakra, im Sanskrit *Muladhara* genannt. Es wird als Verbindung zur Erde gesehen und steht für Stabilität. Unabhängig von Veränderungen und Schwierigkeiten im Leben sorgt das Wurzel-Chakra für die Balance. Durch die Stabilität, die das Wurzel-Chakra repräsentiert, steht es in Verbindung mit dem Gefühl der Sicherheit und des Schutzes (Beginner Books, 2015). Das Wurzel-Chakra lehrt, geerdet zu sein und stellt die Grundkraft bereit (Brenner, 2004, S. 107).

Wo ist das Wurzel-Chakra?

Das Wurzel-Chakra wird auch als Basis-Chakra bezeichnet und findet sich am Ende der unteren Wirbelsäule. Es ist auf dem Damm zwischen dem After und den Genitalien positioniert.

Das Wurzel-Chakra und der Körper

Im physischen Körper wird das Wurzel-Chakra mit der Nebenniere in Verbindung gebracht, die wiederum für die Produktion des Hormones Adrenalin zuständig ist. Neben der Prostata, den Hoden und den männlichen Reproduktionsvorgängen wird das Wurzel-Chakra zudem mit dem Zentralnervensystem und dem Lymphsystem verbunden. Probleme des Wurzel-Chakras zeigen sich körperlich unter anderem durch das Ischias-Syndrom, Darmträgheit und Symptome im Urinaltrakt, der Prostata oder den Eierstöcken.

Das Wurzel-Chakra und die Seele

Im Wurzel-Chakra ist der Lebenswille lokalisiert. So repräsentiert das sogenannte Basis-Chakra Geborgenheit, Mut und Lebenskraft. Im Alltag sorgen innere Stabilität und Sicherheit durch ein geöffnetes und aktives Wurzel-Chakra für mehr Gelassenheit. Unvorhergesehenes kann nicht mehr so schnell aus der Bahn werfen, denn das Grundgefühl zum Leben und zur Sicherheit in diesem ist positiv.

Symbole des Wurzel-Chakras

Das stabilisierende Wurzel-Chakra wird dem Element Erde zugeordnet, denn es erdet eine Person, so wie die Wurzeln eines Baumes. Die ursprüngliche Kraft sorgt dafür, dass die Grundbedürfnisse, zum Beispiel nach einem Heim, befriedigt werden können (Chi, 2014). In der Natur findet das Wurzel-Chakra seine Entsprechung in der Erde und dem Abendrot sowie in dem Duft von Zedern (Brenner, 2004, S. 109). Patchouli, Ylang Ylang, Lavendel, Ingwerwurzel, Myrrhe und Vetiver können diesem Energiewirbel ebenfalls zugeordnet werden. Im Allgemeinen eignen sich in der Aromatherapie für das Wurzel-Chakra süße, erdige und erdende Gerüche. Ergänzende Edelsteine für die Energiearbeit mit diesem Chakra sind beispielsweise der Rote Jaspis, Rubin oder Roter Granat.

Wie zeigen sich Blockaden des Wurzel-Chakras?

Blockaden und Störungen des Wurzel-Chakras zeigen sich vielfach über den Verlust der Stabilität. Dieser kann seinen Ausdruck in verschiedenen Symptomen finden, wie beispielsweise vermehrter Ängstlichkeit, Nervosität, Ruhelosigkeit, Unsicherheit und ständigem Sorgen. In Ängsten findet sich häufig die Ursache für Probleme im Bereich des Wurzel-Chakras. Die Anlage für diese Ängste kann mitunter bereits in der frühen Kindheit, in den ersten drei bis fünf Lebensjahren, zu finden sein. Nicht selten spiegeln sich in einem unterentwickelten oder gestörten Wurzel-Chakra Problematiken in der frühen Mutter-Kind-Beziehung wider. Im späteren Leben können sich große finanzielle Schwierigkeiten, aber auch Probleme in den Bereichen Karriere und Macht, auf das Wurzel-Chakra auswirken. Gewalterfahrungen im Laufe des Lebens können ebenfalls zu Blockaden des ersten Energiezentrums führen. Weitere Anzeichen für ein blockiertes Wurzel-Chakra können zudem eine schwache körperliche Konstitution, chronische Erkrankungen und Arroganz sein sowie das übersteigerte Gefühl, anderen überlegen zu sein.

Im Alltag etwas für das Wurzel-Chakra tun

Ruhige Stunden und Aufenthalte in der Natur unterstützen das Wurzel-Chakra bei der Regeneration. Erdende Nahrung kann diesen Vorgang ebenfalls begleiten. Ergänzend kann eine Chakra-Meditation gezielt die Aufmerksamkeit auf das Energiezentrum lenken und eine Arbeit mit diesem ermöglichen. Um eine langfristige und dauerhafte Auflösung der Störungen und Blockaden zu erreichen, kann die aktive Arbeit mit den erlittenen Traumata helfen.

Sakral-Chakra: Sinnlichkeit und Schöpfungskraft

Das zweite Chakra ist das Sakral-Chakra, das mit der Schöpfung und zwischenmenschlichen Beziehungen in Zusammenhang gebracht wird. Diese reichen von der Familie und Freunden über den Arbeitsbereich bis hin zum Umgang mit fremden Personen. Durch seine Nähe zu den Sexualorganen wird das Sakral-Chakra auch mit der Sexualität und der Schöpfungskraft in Verbindung gebracht. Es gilt als der Platz des eigenen Selbst, der Rückzugsort für das eigene Ego. In diesem Energiezentrum vereinen sich Körper, Geist und Seele in Harmonie.

Wo ist das Sakral-Chakra?

Das Sakral-Chakra trägt im Sanskrit den Namen *Svadhishthana* und findet sich im Hüftbereich beim Kreuzbein, in der Anatomie auch als *Sacrum* bezeichnet (Beginner Books, 2015).

Das Sakral-Chakra und der Körper

Mit dem Sakral-Chakra in Verbindung steht unter anderem die Nebenniere. Obwohl das Sakral-Chakra als Sinnbild der Sexualität gilt, hängt es nicht unmittelbar mit den Sexualorganen zusammen. Das Sakral-Chakra repräsentiert vielmehr die schöpferische und erschaffende Energie der Sexualität.

Das Sakral-Chakra und die Seele

Personen mit einem geöffneten und aktiven Sakral-Chakra genießen sinnliche Erfahrungen und strahlen vor Lebensfreude. Sie drücken sich auf kreative Weise aus und führen positive zwischenmenschliche Beziehungen.

Symbole des Sakral-Chakras

Dem Sakral-Chakra wird das Element Wasser und der Duft von Sandelholz zugeteilt (Brenner, 2004, S. 109). Auch der erfrischende Duft von reifen Orangen oder Mandarinen eignet sich für die Aromatherapie des Sakral-Chakras. Für die Energiearbeit mit dem Chakra können zudem verschiedene orangefarbene Edelsteine wie der Rote Granat oder der Karneol zum Einsatz kommen.

Wie zeigen sich Blockaden des Sakral-Chakras?

Unstimmigkeiten im Sakral-Chakra können sich durch extreme Gefühle zeigen, von der Gefühlskälte bis zur übertriebenen Emotionalität oder von der Frigidität zum übersteigerten sexuellen Verlangen. Wenn es Kindern zwischen dem dritten bis achten Lebensjahr nicht möglich ist, sich kreativ auszudrücken oder Erfahrungen mit allen Sinnen zu machen, zum Beispiel durch Verurteilungen oder Verbote, kann sich dies negativ auf das Sakral-Chakra auswirken. Mangelnde Geborgenheit und fehlende Bestätigung können die Grundlagen für spätere Blockaden und Störungen des Sakral-Chakras legen. Die Folge dieser Blockaden können im weiteren Leben Hemmungen sowie Schuld- und Schamgefühle sein. Oftmals gehen sie mit dem Gefühl emotional ausgetrocknet zu sein einher. In vielen Fällen klagen Personen mit einem blockierten Sakral-Chakra über mangelnde Libido und weitere Probleme im Bereich der Sexualität. In zwischenmenschlichen Beziehungen fällt es diesen Personen schwer, ihre Liebe zu zeigen, sich zu öffnen und sie selbst zu sein. Die Lebensfreude und die Fähigkeit, sich selbst kreativ auszudrücken, fehlt ihnen ebenfalls.

Im Alltag etwas für das Sakral-Chakra tun

Das Sakral-Chakra kann durch eine Ernährung mit reinigenden Früchten im Alltag unterstützt werden. Da das Element des Sakral-Chakras das Wasser ist, können Spaziergänge am Wasser oder Baden ebenfalls einen positiven Einfluss auf das Energiezentrum nehmen.

Solarplexus-Chakra:
Das Bauchgefühl und die innere Kraft

Das Solarplexus-Chakra wird im Sanskrit *Manipura* genannt und steht für die innere Kraft. Es bildet das bekannte „Bauchgefühl". Im körperlichen Bereich wird dem dritten Chakra das Verdauungssystem zugeordnet. Die Verbindung dieses Bereiches mit der emotionalen Energie ist leicht zu beobachten: Ein Betrug kann sich anfühlen, wie ein „Schlag in die Magengrube", und gute Laune kann zu „Bauchschmerzen vor Lachen" führen. Ins Solarplexus-Chakra fließen die Energien von außen ein, werden gebündelt und dann über die Kanäle im Köper verteilt. Es steht für die Zentrierung und die Individualität (Brenner, 2004, S. 107). Dieses Energiezentrum ist zudem der Punkt, an dem Erfahrungen und Themen für das Unterbewusstsein verarbeitet werden. Hier zeigt sich, wie eine Person die Welt betrachtet und mit den Ereignissen des Lebens umgeht.

Wo liegt das Solarplexus-Chakra?

Das Solarplexus-Chakra findet sich über dem Bauchnabel. Es sitzt im Sonnengeflecht. Dieses ist ein vegetatives Nervengeflecht mit vielen Nervenknoten und Sitz in der Bauchhöhle. Hier laufen auch Fasern der Eingeweidenerven und des Hirnnervs entlang (Pschyrembel, 1998, S. 1261).

Das Solarplexus-Chakra und der Körper

Durch das Solarplexus-Chakra werden anorganische Angelegenheiten zu körperlichen Vorgängen, die wiederum in seelische Energie gewandelt werden können. Im physischen Körper wird das Energiezentrum mit dem Pankreas, der Bauchspeicheldrüse, in Verbindung gebracht. Körperlich können sich Probleme mit dem Solarplexus-Chakra unter anderem durch Magenverstimmungen, Appetitlosigkeit und Gewichtsverlust zeigen.

Das Solarplexus-Chakra und die Seele

Aktiviert wird das Solarplexus-Chakra vor allem im Bereich der zwischenmenschlichen Beziehungen. Es ist das Zentrum, durch das Energien von anderen Personen aufgenommen werden – positiver oder negativer Art. Ein typisches Phänomen ist es, dass die Arme vor dem Bauch verschränkt werden, wenn eine Person oder ein Gespräch als unangenehm empfunden werden, um das Solarplexus-Chakra vor den negativen Energien zu schützen. Das Energiezentrum ist der Sitz der Macht und der Willensstärke, die für das nötige Selbstbewusstsein sorgt, um offen auf Neues zuzugehen, und auf dem Weg zur Erleuchtung eine wichtige Rolle spielt.

Symbole des Solarplexus-Chakras

Das Feuer ist das Symbol des Solarplexus-Chakra. In der Natur findet das Energiezentrum seine Entsprechung in den Blumen mit ihren üppig gefüllten Blüten und den Aromen von Rosmarin und Lavendel (Brenner, 2004, S. 109). Die erfrischenden Düfte Orange und Grapefruit werden bei der Heilung des Chakras ebenfalls eingesetzt. Unter den Edelsteinen stehen vor allem der Bernstein, der Gelbe Turmalin und der Citrin mit dem Solarplexus-Chakra in Verbindung.

Wie zeigen sich Blockaden des Solarplexus-Chakras?

Das Solarplexus-Chakra ist eng mit dem Verdauungssystem verbunden. Probleme in diesem Bereich können auf Störungen des Energiezentrums hindeuten. Müdigkeit und Depression können ebenfalls mit Blockaden oder einer veränderten Funktion des Chakras zusammenhängen. In der Zeit vom achten bis zum zwölften Lebensjahr durchlaufen Kinder die Hauptzeit der Entwicklung des Solarplexus-Chakras. Mangelt es in dieser Zeit an positiver Unterstützung, können sich Ängste, zum Beispiel vor Kontrollverlust, entwickeln. Die aufgestauten Energien können sich auch als Wut und Aggressivität entladen. Gegensätzliche Anzeichen wie Antriebslosigkeit und fehlende Lebensfreude können jedoch ebenfalls auftreten.

Im Alltag etwas für das Solarplexus-Chakra tun

Besonders im Umgang mit Kindern ist es hilfreich, auf konstruktive Kritik und aufrichtiges Lob zu achten. Kinder sollten die Gelegenheit haben, sich mit verschiedenen Themen auseinanderzusetzen. Auf diese Weise können die Persönlichkeit, die Identität und das Ich-Bewusstsein gestärkt werden. Erwachsene können im Alltag etwas für ihr Solarplexus-Chakra tun, indem sie aktiv die Verbindung zu Gruppen suchen und mit anderen Menschen ein gemeinsames Hobby ausüben. Hier kann die sanfte Integration in die Gruppenarbeit und die schonende Überwindung von Ängsten geübt werden.

Herz-Chakra:
Das Zentrum der Gefühle

Das kraftvolle Herz-Chakra ist das Zentrum der Gefühle. Mitgefühl und bedingungslose Liebe liegen in diesem Chakra ebenso wie die Vergebung. Die unsterbliche Seele und das Höhere Selbst haben in diesem Energiezentrum ihren Platz. Dies zeigt sich unter anderem darin, dass Personen, wenn sie auf sich selbst zeigen, auf die Stelle weisen, an der das Herz-Chakra sitzt. Das Gefühl der Verbundenheit wird mit dem Energiezentrum ebenfalls in Zusammenhang gebracht (Brenner, 2004, S. 107). Dies liegt auch in seiner Position direkt zwischen den drei unteren und den drei oberen Chakras begründet.

Wo ist das Herz-Chakra?

Das Herz-Chakra, im Sanskrit *Anahata* genannt, findet sich in der Mitte der Brust.

Das Herz-Chakra und der Körper

Das größte Organ des menschlichen Körpers, die Haut, steht mit dem Herz-Chakra in Verbindung. Sie bildet die Berührungsstelle zwischen der Außenwelt und dem, was als „ich“ verstanden wird. Zudem ist sie ein wichtiges Instrument, um Zuneigung auszudrücken und zu empfangen. Neben der Haut wird dem Herz-Chakra auch die Thymusdrüse zugeordnet. Körperlich zeigen sich Blockaden und Störungen des Herz-Chakras oftmals durch Probleme im Bereich des Herzens, der Lunge und der Rippen, dazu zählen Atemprobleme, Bronchitis und Bluthochdruck.

Das Herz-Chakra und die Seele

Als Verbindung der Chakras unter- und miteinander steht das Herz-Chakra im Fokus. Ist es geöffnet, ermöglicht es eine weitere Entwicklung der eigenen Persönlichkeit, der Liebesbeziehungen und der Spiritualität. Die Fähigkeit, die Liebe anderer zu spüren und Mitgefühl zu empfinden, liegt im Herz-Chakra verborgen. Ein geöffnetes Herz-Chakra verleiht das Gefühl der Selbstakzeptanz, die Fähigkeit zu vergeben und selbstlos zu handeln. So kann es zu harmonischen zwischenmenschlichen Beziehungen beitragen.

Symbole des Herz-Chakras

Die reine Natur und zarte Blüten sind die Entsprechung des Herz-Chakras im Äußeren. Dazu zählt außerdem der Wohlgeruch der Rosen. Bergamotte, Eukalyptus, Geranium, Rosmarin und Pfefferminz werden in der Aromatherapie für das Herz-Chakra eingesetzt. Für die Energiearbeit kommen Aventurin, Smaragd und Mondstein zur Anwendung. Das Symbol des Herz-Chakras ist der Wind.

Wie zeigen sich Blockaden des Herz-Chakras?

Das Gefühl von Wertlosigkeit, Ablehnung und konstante Zweifel an den Absichten anderer Personen können auf eine Störung des Herz-Chakras hindeuten. Blockaden in diesem Bereich zeigen sich oftmals durch eine verzerrte Wahrnehmung die Liebe betreffend und lassen sich unter anderem an „Herzlosigkeit“ erkennen. Manipulationen und Besitzdenken können die Folge sein. Die Ausbildung des Herz-Chakras findet vor allem zwischen dem zwölften und dem achtzehnten Lebensjahr statt. Ablehnung der eigenen Person, Enttäuschung, Trennungen, Kummer, Verrat oder Verlassen werden können besonders in diesem Alter zu einem verzerrten Selbstbild und Selbstwertgefühl führen. Die Selbstliebe bleibt unterentwickelt, und auch die Liebe zu anderen ist nicht störungsfrei möglich.

Im Alltag etwas für das Herz-Chakra tun

Um das Herz-Chakra im Alltag zu pflegen, kann die Achtsamkeit auf das Thema Dankbarkeit gelenkt werden. Diese Anerkennung der positiven Dinge im Leben des Hier und Jetzt gilt als Schlüssel zum Herz-Chakra und kann zu einer Öffnung und Aktivierung des Energiezentrums beitragen. Im Alltag kann das Herz-Chakra zudem durch öffnende Gesten wie Umarmungen oder Brustschwimmen gestützt werden. Da das Herz-Chakra mit dem Wind in Verbindung steht, sollte dieser genossen werden – bei offenem Fenster Auto fahren oder dick eingepackt an einem windigen Herbsttag spazieren gehen.

Hals-Chakra: Die Vereinigung von Kommunikation und Zuhören

Im Hals-Chakra vereinen sich die Sprache, aber auch das Hören und Zuhören. Der Selbstausdruck und die Kommunikation sind in diesem Chakra zu finden. Es repräsentiert die Kraft der Worte, die sowohl unterstützend und heilend als auch zerstörend und verletzend sein können. Im Sanskrit trägt das Hals-Chakra den Namen *Vishuddha*. Neben der Kommunikation liegen im Energiezentrum am Kehlkopf jedoch auch die Kreativität und die Inspiration verborgen.

Wo ist das Hals-Chakra?

Das Hals-Chakra befindet sich am Hals, direkt am Kehlkopf. Dieser besitzt eine Doppelfunktion, als Schutz für die unteren Luftwege und als Instrument für die Stimmbildung (Pschyrembel, 1998, S. 894).

Das Hals-Chakra und der Körper

Aufgrund seiner Position wird das Hals-Chakra mit dem Halsbereich und allem, was mit der Stimme in Zusammenhang steht, in Verbindung gebracht. Dabei können Worte liebevoll, beruhigend und tröstend sein, aber auch mit Verletzung und Verbitterung einhergehen. Nicht nur die Stimme und das Sprechen, sondern auch die Ohren und das Zuhören werden mit diesem Chakra repräsentiert. Des Weiteren wird das Hals-Chakra mit der Schilddrüse verbunden. Diese übernimmt unter anderem den aktiven Transport des Iodids im Körper und schüttet Schilddrüsenhormone aus (Pschyrembel, 1998, S. 1415).

Das Hals-Chakra und die Seele

Das Hals-Chakra ist der Sitz unseres eigenen Klangs. Über dieses Energiezentrum entsteht der kreative Ausdruck des inneren Selbst. Durch ein geöffnetes Hals-Chakra ist das Leben in der eigenen Wahrheit und in Ehrlichkeit zu sich selbst und anderen möglich. So trägt es zu einer Öffnung für die feinstofflichen Ebenen und zum Leben in der Synchronizität bei, in der alles als miteinander verwoben und aufeinander bezogen erfahren wird.

Symbole des Hals-Chakras

Das Hals-Chakra findet seine natürliche Entsprechung im Himmelslicht, das sich im Wasser spiegelt sowie im Duft des Salbeis (Brenner, 2004, S. 109). Passende Düfte für das Hals-Chakra sind zudem unter anderem Lavendel, Koriander und Kamille. Es wird mit dem Äther, der im weiteren Sinne auch als Himmel verstanden werden kann, assoziiert. Für die Energiearbeit werden Blaue Saphire, Aquamarine, Blauer Topas und Türkis genutzt.

Wie zeigen sich Blockaden des Hals-Chakras?

Störungen des Hals-Chakras können sich unter anderem durch eine Unfähigkeit zeigen, sich und sein inneres Selbst auszudrücken. Personen, deren Hals-Chakra-Funktion verändert ist, können sich unter anderem leicht manipulierbar fühlen und stehen nicht für ihre eigenen Wünsche ein. Das Hals-Chakra entwickelt sich hauptsächlich vom 16. bis zum 21. Lebensjahr. Auf die Entwicklung nehmen in dieser Zeit vor allem Erfahrungen im Bereich des Selbstausdruckes und der eigenen Wahrheit Einfluss, die auch dafür sorgen, wie sich das eigene Selbstbild gestaltet. Ausgeklügelte Lügensysteme, die Angst vor dem Urteil anderer und die Unfähigkeit, zu sich selbst zu stehen, können auf Störungen und Blockaden des Hals-Chakras hinweisen. Besonders die Lügen sich selbst gegenüber, um schwierige Themen zu vermeiden, wirken sich negativ aus. Körperlich können sich Blockaden des Hals-Chakras im Bereich von Hals, Nase und Ohren finden. Auch Symptome, die mit der Funktion der Schilddrüse in Zusammenhang stehen, wie Fettleibigkeit, Lethargie oder Langsamkeit, können auf eine Störung im Hals-Chakra hindeuten.

Was kann man für das Hals-Chakra im Alltag tun?

Entlastende Kost kann helfen, das Energiezentrum wieder zu aktivieren und zu öffnen. Hilfreich sind zudem Spaziergänge in der Natur während eines sonnigen Tages, an dem die Geräusche der Natur aufgenommen werden können. Singen kann ebenso unterstützend wirken wie das Anrufen eines alten Freundes oder das Schreiben eines Briefes an eine geliebte Person.

Stirn-Chakra: Die intuitive Kraft des „Dritten Auges"

Das Stirn-Chakra ist als das „Dritte Auge" bekannt und wird vor allem mit der Intuition in Verbindung gebracht. Körperlich steht das Stirn-Chakra mit der Hypophyse in Zusammenhang, die eine wichtige Rolle für das Wachstum und die Entwicklung spielt. Es bildet die Brücke zur Spiritualität. Das Stirn-Chakra ist das Tor zu Weisheit und Erkenntnis, die weit über den Verstand hinausgehen. Zudem übernimmt es essenzielle Funktionen bei der Entwicklung einer höheren und spirituelleren Persönlichkeit.

Wo liegt das Stirn-Chakra?

Das Stirn-Chakra befindet sich auf der Stirn zwischen den Augenbrauen und wird im Sanskrit *Ajna* genannt.

Das Stirn-Chakra und der Körper

Das „Dritte Auge" wird mit dem Hypothalamus in Verbindung gebracht, der das Hauptkoordinationszentrum zwischen den endokrinen Drüsen und dem Nervensystem bildet. Dieser ist Teil des Zwischenhirns und beherbergt Nervenzentren, die unter anderem den Wach-Schlafrhythmus, die Wärmeregulation, den Blutdruck, das Sättigungs- und das Hungergefühl und den Fettstoffwechsel regulieren (Pschyrembel, 1998, S. 731).

Das Stirn-Chakra und die Seele

Die Fähigkeit zur Visualisierung und die Entwicklung mentaler Konzepte und Bilder im Kopf liegen im Stirn-Chakra. Ein geöffnetes Stirn-Chakra ermöglicht eine gute Kommunikation mit der eigenen Seele. Auf diese Weise entsteht ein Gefühl des Geborgen- und Getragenseins im Leben.

Symbole des Stirn-Chakras

Dem Stirn-Chakra wird als Element der Geist zugeordnet, der als innerer Sinn zu verstehen ist. Der Sternenhimmel ist die Entsprechung dieses Energiezentrums in der Natur. Das zarte Aroma des Jasmins spiegelt das „Dritte Auge" ebenfalls wider (Brenner, 2004, S. 109). Für die Aromatherapie können zudem Vanille, Bergamotte und Zitrusdüfte wie Orange und Zitrone eingesetzt werden. Im Bereich der Energiearbeit mit Edelsteinen eignen sich für das Stirn-Chakra vor allem der Lapislazuli, der Azurit und der Sodalith.

Wie zeigen sich Blockaden des Stirn-Chakras?

Blockaden im Bereich des Stirn-Chakras können sich unter anderem durch Leistungsschwäche und Disziplinlosigkeit zeigen. Albträume und Migräne sowie ein schlechtes Sehen können ebenfalls mit Störungen des Stirn-Chakras in Zusammenhang stehen. Die Entwicklung dieses Energiezentrums findet hauptsächlich zwischen dem 21. und dem 26. Lebensjahr statt. Eine Unterentwicklung des Stirn-Chakras kann sich in einer starken Kontrollsucht, die sich unter anderem durch ständiges Hinterfragen und den Drang, alles verstehen zu wollen, zeigen. Durch diese Störungen des Stirn-Chakras kann es zu einem Rückzug vor den eigenen Emotionen kommen, und eine Ausrichtung ausschließlich auf den Verstand setzt ein. Alles Mystische und Spirituelle erscheint fremd.

Was kann man für das Stirn-Chakra im Alltag tun?

Im Alltag kann das Stirn-Chakra aktiviert werden, indem ein bewusstes Akzeptieren und Einlassen auf die Ereignisse des Lebens erfolgt. Sich tragen und überraschen zu lassen und die Dinge so anzunehmen, wie sie sind, unterstützt das Energiezentrum zusätzlich. Das Stirn-Chakra ist besonders empfänglich für kreative Visualisierungsübungen, die regelmäßig durchgeführt werden können. Logik-Puzzles und Übungen zum Gehirntraining schlagen in diesem Energiezentrum ebenfalls besonders gut an.

Kronen-Chakra: Das Höchste Selbst und die spirituelle Erleuchtung

Das Kronen-Chakra repräsentiert das Höchste Selbst und ist die Pforte zur spirituellen Erleuchtung. Im Sanskrit trägt es den Namen *Sahasrara*. Es wird angenommen, dass sich das Kronen-Chakra nach oben gerichtet öffnet und einen direkten Zugang zu göttlichen Energien und der kollektiven Energie anderer Personen besitzt (Chi, 2014). Zudem stellt es die Verbindung zur Transzendenz dar und steht für das All-Einheits-Bewusstsein. Die Entwicklung des Kronen-Chakras entzieht sich der bewussten Steuerung. Die Ausbildung und die Öffnung der anderen sechs Chakras ist die Basis für das Erwachen dieses Energiezentrums. Arbeiten diese im Einklang, kann die Lebensenergie aus dem Wurzel-Chakra über alle anderen Chakras bis hin zum Kronen-Chakra emporsteigen und sich mit dem göttlichen Licht vereinen.

Wo ist das Kronen-Chakra?

Das Kronen-Chakra findet sich auf dem Scheitel des Kopfes.

Das Kronen-Chakra und der Körper

Die Hypophyse wird durch das Kronen-Chakra repräsentiert. Diese besitzt eine Verbindung zum Zwischenhirn und produziert verschiedene Hormone, die unter anderem für das Wachstum und die Fortpflanzung eine wichtige Rolle spielen und auch an Stoffwechselvorgängen beteiligt sind (Pschyrembel, 1998, S. 727).

Das Kronen-Chakra und die Seele

Das Kronen-Chakra bildet den Zugang zu all dem im Leben, das als schwer zu verstehen empfunden wird. Personen mit einem geöffneten Kronen-

Chakra zeichnen sich durch eine hohe Toleranz aus. Andere werden nicht bewertet und verbessert. Ein Verständnis darüber, warum die Dinge so sind wie sie sind, tritt ein. Durch das geöffnete Kronen-Chakra kann die erstrebte körperliche Erleuchtung erreicht werden.

Symbole des Kronen-Chakras

In der Natur findet das Kronen-Chakra seine Entsprechung im Gipfel eines Berges und in der Höhe. Sein Sinnbild ist der Lotos. In der Aromatherapie dieses Energiezentrums können Düfte wie Jasmin und Ylang Ylang sowie Neroli und Rose Absolue zum Einsatz kommen. Geeignete Edelsteine sind Quarz, Diamant und Saphir. Dem Kronen-Chakra werden als Element die Gedanken zugeordnet.

Wie zeigen sich Blockaden des Kronen-Chakras?

Das Gefühl, verloren zu sein, kann auf Blockaden im Kronen-Chakra hindeuten. Desinteresse und Müdigkeit, fehlende Spiritualität und mangelnde Beziehungen zu anderen Menschen sind weitere Anzeichen. Störungen des Kronen-Chakras zeigen sich auch in der Unfähigkeit, das Leben zu schätzen und an das Göttliche zu glauben. Betroffenen fällt es schwer, eine Erdung zu spüren. Sie werden oftmals von Einsamkeitsgefühlen und Selbstzweifeln geplagt. Zudem ist es möglich, dass Störungen im Kronen-Chakra sich durch einen Gottkomplex zeigen oder ins extreme Gegenteil, dem Gefühl der eigenen Bedeutungslosigkeit, schwingen.

Was kann man für das Kronen-Chakra im Alltag tun?

Im Alltag lässt sich das Kronen-Chakra unter anderem durch das Singen im Chor und spirituelle Handlungen unterstützen. Es kann auch durch Meditation, Yoga und Tai Chi gestärkt werden.

Chakra-Arbeit – Energien in Balance bringen

Die Chakra-Arbeit bietet dem Übenden eine Oase, in der er in Berührung mit der eigenen Seele kommen und etwas für sich selbst tun kann. Während der physische Körper mit Nahrung, Flüssigkeit und Schlaf versorgt werden muss, benötigt die Seele positive Energie, um ihre Aufgabe zu erfüllen und für Wohlbefinden zu sorgen. Die Chakra-Arbeit ist somit auch Seelenarbeit, die von Ängsten, inneren Kämpfen und Lieblosigkeit befreien kann und die Macht schenkt, die Dinge so zu akzeptieren, wie sie sind. Sie kann helfen, Ruhe zu finden, die inneren Kraftressourcen zu aktivieren und Selbstliebe zu spüren, um das eigene Potenzial zu erkennen und zu nutzen. Durch die achtsame Arbeit mit den Energiezentren kann eine individuelle Harmonisierung des Energieflusses erreicht werden. Die Chakra-Arbeit kann auch als Weiterführung der Meditation auf feinstofflicher Ebene verstanden werden. Das Ziel der Energiearbeit mit den Chakras ist deren ausgeglichene und harmonische Funktion. Eine Über- oder Unterfunktion einzelner Chakras gilt es zu vermeiden.

Störungen und Blockaden in den Chakras

Die Chakras können von Blockaden und Störungen betroffen sein. Dann kann sich ihre Funktion verändern. Sie arbeiten zu schnell oder zu langsam und verlieren ihre Balance. Die Unstimmigkeiten der Energiezentren können durch äußere oder innere Einflüsse entstehen. Zu diesen zählen unter anderem Ereignisse wie Traumata, emotionale Belastungen und andere negative Energien. Entsprechende Ereignisse können zu Unstimmigkeiten im Energiesystem führen. Die Folge sind seelische, mentale und körperliche Symptome. Durch belastende Blockaden und Störungen kann die Arbeit eines oder mehrerer Chakras eingeschränkt werden, so dass die betroffenen Chakras sich immer weiter schließen oder inaktiv werden. Die verbleibenden aktiven Chakras versuchen diesen Verlust zu kompensieren und geraten in eine Überaktivität – auf diese Weise kommt das Energiesystem aus der Balance.

Chakras öffnen und aktivieren

Durch die achtsame und gezielte Arbeit mit den Chakras werden diese Blockaden und Störungen gelöst. So können betroffene Chakras geöffnet oder aktiviert werden. Übernehmen die Chakras wieder ihre Funktionen, gleicht sich auch die Arbeit der anderen Energiezentren aus – und es entsteht eine Balance. Um langfristig ein harmonisches Energiesystem herzustellen, ist es erforderlich, die Achtsamkeit auf die Ursachen für Blockaden und Störungen zu legen und diese zu behandeln. Zur Öffnung der Chakras ist es wichtig, sich selbst zu kennen und die Aufmerksamkeit auf die eigenen Gedanken, Gefühle und den Körper zu leiten. Durch die geöffneten Chakras ist es möglich, eine eigene innere Wahrheit auszuleben, die auch das Umfeld mit einbezieht. Schlussendlich können die geöffneten und aktiven Chakras darüber entscheiden, wie das Leben mit einer Person interagiert und wie diese darauf antwortet.

Energie-Werkzeuge für die Chakra-Arbeit

Für die bewusste und liebevolle Arbeit mit den Chakras können verschiedene Energie-Werkzeuge, zu denen auch unterschiedliche Techniken gehören, genutzt werden. Die verwendeten Symbole und Gegenstände können ihren Ursprung in einem kulturellen Hintergrund haben. Doch einige Motive und Formen sind fast überall auf der Welt zu finden, so dass ein kollektives Unbewusstes angenommen wird. Die heilenden Kräfte der Symbole werden durch die Gedankenkraft auf diese übertragen (Achterberg, 1989, S. 48). Bewährte Techniken für den achtsamen Umgang mit den Energiezentren sind Atemübungen, die Visualisierung und die Meditation. Als Energie-Werkzeuge kommen unter anderem die Aromatherapien, Edelsteine, Mantras und Mudras sowie die kraftvollen Yantras, Klänge und Farben zum Einsatz. Letztere eignen sich besonders gut für die Arbeit mit den Chakras, da sie individuell den einzelnen Chakras zugeordnet werden und damit sehr direkt genutzt werden können.

Die Farben der Chakras

Das Farbspektrum, das vom Menschen gesehen werden kann, erstreckt sich vom kurzwelligen Ultraviolett bis zum langwelligen Infrarotlicht. Auf der kurzwelligen Seite des Spektrums finden sich die als kühl empfundenen Blaunuancen. Sie gehen in die grünen Farbtöne und von dort aus ins Gelbe über. Im langwelligen Bereich des Farbspektrums liegen Orange und Rot, die mit einer wärmeren Ausstrahlung assoziiert werden (Mehling, 1978, S. 241). Den einzelnen Chakras werden individuelle Farben zugeteilt. Dies basiert darauf, dass die Energie der Chakras als in unterschiedlichen Frequenzen schwingendes Licht besonders von hellsichtigen Personen wahrgenommen werden kann. Vom unteren Basis- oder Wurzel-Chakra bis hin zum Kronen-Chakra verändert sich die Schwingungsfrequenz, wie der Farbwechsel des Regenbogens von den warmen, erdigen Rottönen über verbindendes Gelb und Grün bis hin zum geistigen Blau und Violett (Sanders, 1993, S. 39).

In Forschungsarbeiten der Wissenschaftlerin Dr. Valerie V. Hunt von der University of California in Los Angeles (UCLA) und ihrem Team des Kinesiologie-Ressorts konnte anhand von Messungen der an den Chakra-Positionen abgegebenen Wellen die Farben der Chakras bestätigt werden (Hunt, 1977). Neben ihrer Zuordnung zu den einzelnen Chakras besitzen die jeweiligen Farben auch eine Stellung in der Farbdeutung und werden hier mit verschiedenen Gedanken und Emotionen belegt. Diese können unter anderem auf der psychologischen Wirkung beruhen, die auf Erfahrungen basiert. Farben besitzen zudem eine symbolische Aussagekraft, die häufig auf Überlieferungen zurückzuführen ist. Auch Traditionen, beispielsweise bezugnehmend auf die ursprünglichen Herstellungsverfahren der Farben, können in der Farbdeutung eine Rolle spielen. So wurde die Farbe Grün früher mit Arsen gemischt und hatte somit eine giftige Wirkung, die dem Farbton bis heute symbolisch nachhängt. Ebenfalls wichtig für die Farbdeutung ist der kulturelle Effekt der Farbe. Beispielsweise genießt die Farbe Grün in Wüstenländern besonders hohes Ansehen, da sie das Sinnbild einer paradiesischen, lebensspendenden Oase darstellt (Heller, 2006, S. 13ff).

Chakra-Farben und ihre Bedeutung

Die Eigenschaften, die den einzelnen Farben in der Farbdeutung und Chakra-Lehre zugeteilt werden, decken sich. Die individuelle Chakra-Farbe unterstreicht die Funktion des jeweiligen Energiezentrums und kann als wichtiges Instrument in der Energiearbeit eingesetzt werden. Beispielsweise können die Chakra-Farben bei der Chakra-Meditation und Visualisierung genutzt werden, um die Öffnung, Aktivierung oder Harmonisierung der Zentren zu erreichen.

Wurzel-Chakra: Vitales Rot voller Kraft

Das Wurzel-Chakra steht mit dem kraftvollen Rot in Verbindung. Die leuchtende Farbe wird in der Lehre der Energiezentren dem Urvertrauen sowie den lebenssichernden Instinkten und der Fähigkeit sich durchzusetzen zugeordnet. Das Rot des Wurzel-Chakras symbolisiert die Lebenskraft und ist bis heute vor allem in östlichen Kulturen als Glücksfarbe bekannt. In der Farbdeutung kommt der Farbe Rot ebenfalls eine besondere Kraft zu, denn sie war die erste Farbe, die von den Menschen einen Namen erhielt. Es wurde angenommen, dass die mächtige Farbe des Blutes und des Feuers Kraft spenden kann, so wurde sie zur Farbe der Krieger. Das starke Rot wird mit der Energie, Dynamik und der Aktivität in Verbindung gebracht. Es ist ebenso die Farbe der Liebe wie des Hasses, der Leidenschaft wie auch des Zornes. Das Rot erscheint warm und nahe und wird mit Sexualität verbunden (Heller, 2006, S. 51ff).

Sakral-Chakra: Lebensfrohes Orange für sinnliche Freuden

Ein inniges Orange repräsentiert das Sakral-Chakra. Diese lebensfrohe Farbe steht für Licht und Energie. Sie wird mit Kreativität und Begeisterungsfähigkeit verbunden sowie mit den körperlichen Genüssen von Sinnlichkeit und Sexualität. Die Südfrucht Orange bildet in jeder Sprache die Basis für das Farbwort. So wundert es nicht, dass die Farbe Orange mit den Eigenschaften der Frucht in Zusammenhang gebracht wird: Aroma, Süße und Erfrischung. Die warme Farbe steht in Verbindung mit der Geselligkeit und dem Vergnügen sowie dem Genuss. Orange gilt als energiegeladen und strahlt Aktivität aus. Während die fremdwirkende Farbe im Westen zunächst nur langsam Anklang fand, ist sie in den asiatischen Ländern sehr beliebt und verbreitet. Sie gilt als Farbe des Buddhismus und wird mit dem Wandel und der Kreativität verbunden. Das Extrovertierte und Laute sind negative Attribute, die dem Orange zugeordnet werden (Heller, 2006, S. 259ff).

Solarplexus-Chakra: Strahlendes Gelb zeigt Optimismus

Die Energie des Solarplexus-Chakras schwingt in einem sonnigen Gelb. In verschiedenen Kulturen gilt das strahlende Gelb als Glücksbringer. Die warme Farbe steht für Ideenreichtum und Phantasie, Geselligkeit und Kommunikation. In ihr findet sich zudem die Fähigkeit, sich zu erinnern. Als Abbild der Sonne und als hellste Farbe des Spektrums, besitzt das vitale Gelb eine spirituelle Seite und wird in einigen Religionen mit dem Göttlichen in Verbindung gebracht. Optimismus und Lebensfreude werden ebenfalls mit der Farbe Gelb in der Farbdeutung verbunden. Die strahlende und helle Nuance wird zudem mit dem Extrovertierten und der Freundlichkeit belegt. Symbolisch steht sie für die Kraft der Sonne und den Sommer. In Asien ist Gelb eine besonders beliebte Farbe und wird mit Glück und Ruhm, Weisheit und Harmonie sowie dem Kaiserlichen verbunden. Die schlechte Seite des Gelbs spiegelt sich im Bereich der westlichen Welt in Geiz, Eifersucht, Verlogenheit und Neid wider (Heller, 2006, S. 129ff).

Herz-Chakra: Hoffnungsvolles Grün in der Liebe

Dem Herz-Chakra wird die Farbe Grün zugeordnet. Die Farbe der Natur wird mit der Heilung und dem Mitgefühl verbunden. In der Farbpsychologie werden der naturverbundenen Nuance entspannende und ausgleichende Eigenschaften zugeordnet, zudem ist Grün bekannt als Farbe der Hoffnung und der Geborgenheit. Das Herz-Chakra steht in der Chakra-Lehre unter anderem für die Liebe, und die ursprüngliche Bedeutung der Farbe Grün spiegelt dies ebenfalls; denn im Mittelalter und bei den alten Römern wurde mit Grün die Liebe symbolisiert. Diese Nuance wird in der Farbdeutung vor allem mit der Natur und der Lebendigkeit in Verbindung gesetzt. Sie symbolisiert den Frühling, die Hoffnung und steht für die aufkeimende Liebe. Gesundheit, Jugend und Frische stehen ebenfalls mit dem saftigen Grün in Zusammenhang. Die Farbe repräsentiert die Erholung und die Hilfsbereitschaft sowie die Ruhe und die Toleranz. Sie kann aber auch als Sinnbild für das Herbe, Bittere und Saure verstanden werden (Heller, 2006, S. 71ff).

Hals-Chakra: Harmonisches Hellblau für die Kommunikation

Das helle Blau, das dem Hals-Chakra zugeordnet wird, erinnert an einen wolkenlosen Sommerhimmel. Die Nuance wird in so gut wie allen Kulturen der Welt positiv bewertet. In der Farbpsychologie werden dem Hellblau, ebenso wie dem Hals-Chakra selbst, die Kommunikation und Harmonie zugeteilt. Die ganzheitliche Verbundenheit und Vertrauen liegen ebenfalls in der Chakra-Farbe Hellblau. Im Volksglauben orientalischer Länder soll die Nuance die Kräfte guter Geister anziehen können. Probanden verbanden in Studien die Farbe Blau mit Sympathie sowie mit Freundlichkeit und Freundschaft. Aber auch die Ferne und die Weite werden durch diese Farbe symbolisiert, denn das helle Blau erscheint wie der Himmel in der Ferne. Da die Distanz die Treue herausfordern kann, wird Blau ebenfalls mit dem Vertrauen assoziiert. Zudem steht es in der Farbdeutung für Phantasie und Entspannung. Doch Blau hat auch eine andere Seite, es kann mit der Härte und der Gefühllosigkeit sowie mit der Lüge einhergehen (Heller, 2006, S. 23ff).

Stirn-Chakra: beruhigendes Indigo auf dem Weg zur Erkenntnis

Das einzigartige Indigo repräsentiert das Stirn-Chakra. Die geheimnisvolle Mischung aus dunklem Blau mit einem Hauch Violett repräsentiert in der Farbpsychologie vor allem das Vertrauen und die innere Ruhe. Desweiteren ist Indigo mit Aufrichtigkeit, Integrität und Würde sowie mit Fairness und dem Dienst am Menschen verbunden. Als Sitz des Bewusstseins wird das Energiezentrum auf der Stirn auch mit Intuition, Wahrnehmung und Erkenntnis assoziiert. Das Blau wird mit der Arbeit und dem Geist, der Klugheit und ebenfalls der Erkenntnis in Verbindung gebracht. Die Nuance spiegelt zudem die Unendlichkeit wider. Oftmals wurde die Farbe Blau beispielsweise in der Lyrik genutzt, um den Wunsch nach der Erkenntnis des Lebenssinns, der auch über den Tod hinausreicht, zu symbolisieren. Bis heute steht die Farbe aus diesem Grund für die Sehnsucht (Heller, 2006, S. 23ff).

Kronen-Chakra: Geheimnisvolles Violett verbindet Körper und Geist

Die Farbe Violett wird aus den beiden kraftvollen Farben Blau und Rot gemischt. Das kühle Blau steht hierbei für das Geistige und die Erkenntnis, während das warme Rot das Körperliche symbolisiert (Heller, 2006, S. 29). Die Farbe Violett repräsentiert das Kronen-Chakra. Sie steht vor allem mit der Spiritualität und dem Bewusstsein in Verbindung. Die höchste Erkenntnis liegt im Kronen-Chakra mit seiner mystischen violetten Farbe verborgen. In der Farbpsychologie wird das geheimnisvolle Violett historisch als Bindeglied zwischen dem kraftvollen und vitalen Körper in Rot und dem ausgeglichenen und weitreichenden Geist in Blau angesehen. In der Natur ist die Farbe nur selten zu finden. Daher ist sie eine Besonderheit. Traditionell ist Violett in der Farbdeutung die Farbe der Macht und des Glaubens. Sie gilt jedoch auch als originell, phantasievoll und magisch. Genuss und Stolz werden mit dieser Farbe ebenso repräsentiert – wie Empfindsamkeit und Charme. Verführung und Leidenschaft liegen in der geheimnisvollen Nuance verborgen. Negativ wird das Violett mit der Eitelkeit, der Untreue und Völlerei in Verbindung gebracht (Heller, 2006, S. 165ff).

Ernährung für die Chakras

In stressigen Zeiten ist die gesunde Ernährung besonders wichtig, denn mangelnde Vitamine und Nährstoffe sowie zu viel Zucker und Fett belasten den Körper sonst zusätzlich. Eine bewusste Ernährung kann auch in anstrengenden Phasen mehr Energie und Kraft spenden als Fast Food. In der jahrtausendealten Yoga-Lehre spielt die Ernährung, basierend auf den ayurvedischen Prinzipien, eine tragende Rolle, die sich auf die Heilung von Seele, Geist und Körper auswirkt. Es wird davon ausgegangen, dass die Energie der zugeführten Lebensmittel auch eine Auswirkung auf die Wahrnehmung des Geistes hat. In diesem Konzept werden die Lebensmittel in drei Gruppen, die *Gunas*, unterteilt.

Sattva	Rajas	Tamas
Die erste Gruppe enthält gesunde Lebensmittel, die aktivieren und eine entspannende Wirkung haben. Mandeln, Mungobohnen, Äpfel und Birnen gehören beispielsweise dazu. Im Allgemeinen eignen sich leichte und gut verdauliche Speisen. *Sattva* repräsentiert Freude, Harmonie, Intelligenz und Balance.	In der zweiten Gruppe befinden sich Nahrungsmittel, die nur in Maßen genossen werden sollten, da sie sonst einen negativen Einfluss haben können, wie Kaffee oder Schokolade. Generell werden die meisten frittierten Speisen, Salziges, Saures und Bitteres dieser Gruppe zugeordnet. *Rajas* wird mit Handlung, Bewegung, Energie und Verwandlung in Verbindung gebracht.	In der dritten Gruppe werden Lebensmittel zusammengefasst, die den Geist eher träge machen – dazu zählt beispielsweise rotes Fleisch. Fertiggerichte, verarbeitete oder fermentierte Speisen (auch Essig), überreifes oder bereits verschimmeltes Essen, Eier, Drogen, Alkohol, Knoblauch und Zwiebeln finden sich ebenfalls in dieser Gruppe. *Tamas* repräsentiert Inaktivität, Dunkelheit, Trägheit und Ignoranz.

Unsere Erfahrungen mit Chakra-Food

Nachdem meine Tochter Isabell und ich die Idee des Chakra-Food für uns entdeckt hatten, stellten wir unsere Ernährung ganz bewusst um. Wir stöberten in Rezepten, probierten aus und genossen neben dem leckeren Essen auch die gemeinsamen Stunden. Im Laufe der Zeit bemerkten wir, dass wir uns von Tag zu Tag energetisch besser fühlten. Wir fühlten uns fitter und insgesamt wohler in unserer Haut. Uns wurde klar: Offensichtlich entschlackten wir nicht nur unseren Körper, sondern räumten auch in unserem Leben auf. Prioritäten wurden neu gesetzt, es schien als würde sich unser Bewusstsein für die Dinge wandeln. Ernährung hat unserer Erfahrung nach also eine Auswirkung auf das Bewusstsein. Ein tiefes Wohlbefinden setzte ein, das uns beiden sehr gut tat. Unsere Ernährung auf Chakra-Food umzustellen, brachte aber noch einen anderen, ganz wunderbaren Nebeneffekt mit sich: Das Erreichen und Halten unserer Wunschfigur.

Freier Fluss der Lebensenergien

Die Verfassung einer Person basiert auf der Harmonie und Ordnung im Inneren. Als gesund wird bezeichnet, wer im Vollbesitz seiner Kräfte ist und über einen freien Fluss der Lebensenergien verfügt. Ein gesunder Mensch befindet sich in Balance zwischen Spannung und Entspannung und kann in sich selbst ruhen. Der Ausgleich der Spannungen ist notwendig, um die vielen Reize des Lebens, die sich in polaren Kräften zeigen, immer wieder ins Gleichgewicht zu bringen. (Stangl, 2011, S. 8)

Chakra-Food ist bunt und frisch

Dein Essen für harmonische Chakras und ein gutes Wohlbefinden fängt schon beim Einkaufen an. Wähle frische, farbenfrohe Dinge aus – am besten kommen sie aus deiner Region und passen zur Saison. Das sorgt nicht nur für kurze Transportwege und schont so die Umwelt, du kannst auf diese Weise sogar Geld sparen, da saisonale Lebensmittel aus der Umgebung meist wesentlich günstiger sind. Sei in Liebe beim Einkaufen und schenke deiner Aufgabe Aufmerksamkeit.

Schon der Philosoph Ludwig Feuerbach wusste im 19. Jahrhundert:

„Du bist, was du isst!"

Natürliche Zutaten für das Wohlbefinden

Lebensmittel haben eine Seele und nähren uns somit nicht nur über ihre Vitalstoffe, sondern wirken über die enthaltenen Energien auch auf unser eigenes Energiefeld.

Wir hoffen mit diesem Buch eine bewusste Ernährung anregen zu können. Natürliche Lebensmittel stehen im Fokus, während auf künstliche Zusatzstoffe verzichtet wird. So hast du die Gelegenheit, die Erfahrung eines natürlichen Wohlbefindens zu erleben und zu merken, wie sich dadurch nicht nur dein Körper gut fühlt, sondern auch dein Geist sich klären kann. Unserer Erfahrung nach kann sich ein seelisches Gleichgewicht über Chakra-Food einstellen und ein erhöhtes Bewusstsein erreicht werden.

Viel Freude beim Ausprobieren und Genießen wünschen euch
Linda und Isabell

Nahrung für das Wurzel-Chakra: Rot und erdend

Geeignete Nahrungsmittel zur Unterstützung des Wurzel-Chakras sind Wurzelgemüse wie Pastinaken und Rote Beete. Ergänzend können Proteine über Eier, Tofu und Soja-Produkte gegessen werden. Auch Saaten wie Sonnenblumensamen und Pinienkerne sowie Hülsenfrüchte tun dem Wurzel-Chakra gut.

Lindas Wurzel-Chakra-Power-Müsli

Du benötigst eine Müslischale

Zutaten und Zubereitung:

1 Esslöffel Vollkornhaferflocken
½ Esslöffel geschrotete Leinsamen
½ Esslöffel Chia-Samen
1 Esslöffel Goji-Beeren
1 Esslöffel Kokosflocken
1 Teelöffel Zimt (Menge nach Geschmack anpassen)
Honig nach Wunsch
1 Handvoll zerkleinerte Nüsse nach Wunsch
Mit heißem Wasser aufgießen (so dass alle Zutaten gerade bedeckt sind)
Das Müsli muss ein paar Minuten ziehen, in dieser Zeit einen halben Apfel zerkleinern
Apfel in das Müsli geben

Wer mag, kann für den Geschmack noch einen Esslöffel Knuspermüsli zugeben
Reis- oder Mandelmilch nach Gusto übergießen und verrühren
Eventuell mit weiteren Früchten, Sonnenblumenkernen und Kürbiskernen garnieren

Nahrung für das Sakral-Chakra: Orange, frisch und reinigend

Süße und reinigende Früchte wie Orangen oder Melone eignen sich hervorragend, ebenso wie der Einsatz von Zimt. Desweiteren können entwässernde Gemüsesorten wie Tomate, Rucola sowie grüne Salate und Brennnessel zum Einsatz kommen.

Lindas kreatives und schnelles Sakral-Chakra-Süppchen

Du benötigst einen Topf

Zutaten und Zubereitung:

1 Teelöffel Kokosnussöl oder Fett im Topf erhitzen

1 Bund Lauchzwiebeln reinigen, in feine Ringe schneiden und in den Topf geben

Jeweils einen halben Löffel der Gewürze Kurkuma und Cayenne Pfeffer zugeben

4 zerkleinerte Knoblauchzehen zugeben und leicht anbräunen lassen

800 Gramm geschälten und zerkleinerten Kürbis in den Topf geben

800 Gramm Schwarze Bohnen in den Topf geben (Bohnen aus der Dose wählen, ansonsten erhöht sich die Zubereitungszeit wesentlich)

Eine Tasse braunen Reis unterheben

4 Tassen Gemüsebrühe dazugeben und alles aufkochen

Deckel auf den Topf geben und die Temperatur des Herdes herunterregeln, so dass die Zutaten langsam köcheln und für ca. 25 Minuten garen (darauf achten, dass der Reis gar ist)

Wenn alles fertig ist, mit (veganer) Sour Cream dekorieren und nach Geschmack mit geriebenem Peperoni-Käse bestreuen

Nahrung für das Solarplexus-Chakra: Gelb, würzig und warm

Speisen in der Farbe des Solarplexus-Chakras können das Energiezentrum im Alltag unterstützen. Geeignet sind unter anderem reife Bananen sowie gelbe Paprika und verschiedene Käsesorten. Gewürze, wie Kamille, Ingwer und Kurkuma können ebenfalls zum Einsatz kommen. Warme Getränke sowie unterschiedliche Kohlsorten und Hülsenfrüchte unterstützen das Solarplexus-Chakra zusätzlich.

Lindas Solarplexus-Chakra-Power-Drink

Du benötigst eine Zitronenpresse, einen Standmixer oder ein hohes Gefäß mit Pürierstab

Zutaten und Zubereitung:

Großes Stück Ingwerwurzel dünn von der Schale befreien, in kleine Stücke schneiden und in den Mixer geben

Honig nach Geschmack dazu geben

1 Liter heißes, gekochtes Wasser dazu (darauf achten, dass Mixer und Gefäß dafür geeignet sind)

2 Orangen mit der Zitronenpresse entsaften

1 Zitrone mit der Zitronenpresse entsaften

Säfte in den Mixer geben

Durchmixen oder pürieren

Solarplexus-Chakra-Power-Drink in Gläser füllen

Nahrung für das Herz-Chakra: Grün und leicht

Geeignete Nahrungsmittel für das Herz-Chakra sind verschiedene essbare Blüten und grüne Kräuter, die Gerichten eine raffinierte Note verleihen und im Grün des Herz-Chakras strahlen. Generell sind bei der Ernährung zur Unterstützung des Herz-Chakras leichte Speisen wie gedünstetes Gemüse empfehlenswert.

Lindas leichtes Herz-Chakra-Süppchen

Du benötigst einen Topf und einen Pürierstab

Zutaten und Zubereitung:

Ca. 1 Liter Wasser in den Topf geben und auf dem Herd erhitzen
1 Esslöffel Gemüsebrühe-Pulver dazu geben
2 Kartoffeln waschen und in Würfel schneiden
1 Zucchini waschen und in Würfel schneiden
2 Fenchelknollen waschen und in Würfel schneiden (Grünzeug kann mitgenutzt werden)
Geschnittenes Gemüse in die kochende Brühe geben und köcheln lassen
1 Handvoll Pinienkerne in einer Pfanne ohne Fett anrösten
Wenn das Gemüse gar ist, alles mit dem Pürierstab zerkleinern
Nach Geschmack würzen (beispielsweise mit Pfeffer)
1 Esslöffel Schmand einrühren
Suppe in Teller füllen
Mit etwas Schmand dekorieren
Mit frischer Kresse und den Pinienkernen bestreuen

Nahrung für das Hals-Chakra: Flüssig, befeuchtend und nahrhaft

Um das Hals-Chakra zu nähren, können verschiedene Samen zum Einsatz kommen. Beliebt sind unter anderem die neu entdeckten Power-Foods wie Chia-Samen, aber auch traditionelle Saaten wie Leinsamen. Das Hals-Chakra kann zudem mit der natürlichen Süße, wie beispielsweise Honig, unterstützt werden. Eine gute Ergänzung sind Algen, wie Nori und Wakame. Flüssige und befeuchtende Nahrung tut dem Hals-Chakra besonders gut.

Lindas leckerer Hals-Chakra-Obstsalat

Du benötigst vier Schalen, ein Gefäß und einen Rührbesen

Zutaten und Zubereitung:

4 Tassen Obst deiner Wahl wie Apfel oder Birne auf die Schalen verteilen
¼ Tasse Goji-Beeren gleichmäßig dazugeben
Vermische in deinem Gefäß mit Hilfe des Rührbesens:
2 Tassen Mandelmilch
⅓ Tasse Chia-Samen
den frisch gepressten Saft einer Orange
die abgeriebene Schale der Orange (unbedingt Bio-Qualität kaufen)
¼ Teelöffel Zimt
1 Teelöffelspitze Vanillemark
Die so entstandene Soße über das Obst in den Schalen geben
Mit ca. ½ Tasse Kokosraspeln bestreuen
Die Schalen für 30 Minuten in die Tiefkühltruhe stellen oder über Nacht im Kühlschrank aufbewahren
Als Deko vor dem Verzehr mit frischer Minze garnieren

Nahrung für das Stirn-Chakra: Würzig und blau

In der Natur gibt es nicht viele blaue Nahrungsmittel, die bekanntesten sind die Blaubeeren, Brombeeren und dunkle Weintrauben. Gewürze, um das Stirn-Chakra zu unterstützen sind beispielsweise Kurkuma und Lorbeer.

Lindas schneller Stirn-Chakra-Power-Drink

Du benötigst einen Standmixer oder einen Pürierstab mit passendem Gefäß

Zutaten und Zubereitung:

¾ Tasse Soja-Milch in den Mixer füllen

¾ Tasse Ananassaft (Direktsaft)

½ Tasse Blaubeeren (gibt es gefroren, auch in Bio-Qualität)

8 dunkle, rote Weintrauben

Alles mixen oder pürieren und in Gläser gießen

Nahrung für das Kronen-Chakra: Entgiftend und erfrischend

Die Nahrung für das Kronen-Chakra sollte vor allem leicht sein und nicht belasten. Geeignet ist auch eine vegane Ernährung, denn das Kronen-Chakra kann besonders gut mit Gemüse und Obst genährt werden, das die Kraft der Sonne tanken konnte. Trockenfrüchte wie Datteln sind ein guter Ersatz für Süßigkeiten. Auf verarbeitete Speisen sollte verzichtet und ausreichend Wasser getrunken werden.

Lindas fruchtiger Kronen-Chakra-Power-Drink

Du benötigst einen Mixer oder einen Pürierstab und ein Gefäß

Zutaten und Zubereitung:

1 Banane im Tiefkühlfach gefrieren lassen (kann vorher schon kleingeschnitten werden)

2/3 Tasse gefrorene schwarze Johannisbeeren

1 Teelöffel reines Kakaopulver

1 Tasse Mandelmilch

Alle Zutaten in den Mixer geben und zerkleinern oder den Pürierstab einsetzen Wenn sich eine sämige Flüssigkeit ergeben hat, ist der Drink fertig und kann in Gläsern serviert werden.

Fit und gut gelaunt in den Tag

Morgens beim Augenaufschlagen schon aufs Frühstück freuen?
Ein Müsli ist immer ein guter Start in den Tag für all unsere Chakras. Wir bereiten es mit frischem Obst und veganem Joghurt, Reismilch, Hafermilch oder Sojamilch zu – probiere selbst aus, was für dich eine gute Alternative zur herkömmlichen Milch ist. Für die Süße empfehlen wir, anstelle von Raffinadezucker oder Süßstoff, reinigende Naturstoffe wie Agavendicksaft, Ahornsirup oder Honig zu wählen.

Basismüsli selber machen

Gesund, reichhaltig und vielseitig – unser 7-Chakra-Basismüsli lässt sich ganz einfach nach deinem individuellen Geschmack abwandeln.

Was du benötigst:

Vollkornhaferflocken sind im 7-Chakra-Müsli ein wichtiger Bestandteil – sie enthalten viele Vitamine, Magnesium und Zink. Nach Belieben können auch andere Getreideflocken wie Hirseflocken, Dinkelflocken, Reisflocken oder Roggenflocken hinzugefügt werden.
Nimm ein paar Saaten wie Leinsamen, Sojakerne, Sonnenblumenkerne, Kürbiskerne und Pinienkerne dazu.
Vergiss nicht Nüsse wie Walnüsse, Mandeln, Cashewkerne, Haselnusskerne oder Paranusskerne für dein Basismüsli. Sie liefern wichtige Öle und sind gut für unser Herz und Gehirn.
Über Nacht eingeweichte Chia-Samen gehören ebenfalls mit in unser Frühstück.
Du kannst das Rezept durch Trockenfrüchte wie Cranberries, Rosinen oder Aprikosen ergänzen.

Warmes Apfel-Zimt-Müsli

Ein sehr leckeres Frühstück, das entschlackend und wärmend wirkt. Es spendet dir Kraft für den Tag.

Du benötigst:

Basismüsli (Menge nach Wahl)
1 kleiner Apfel
1 gehäufter TL Zimt
Heißes Wasser
1 EL Amaranth-Knuspermüsli
1 EL eingeweichte Chia-Samen (über Nacht einweichen)
2 EL Kokosflocken
Hafermilch

Zubereitung:

Das Basismüsli mit heißem Wasser knapp übergießen und kurz ziehen lassen.
In der Zeit einen Apfel entkernen und in kleine Stücke schneiden. Die Apfelstücken, den Zimt und die Kokosflocken zum Müsli dazugeben. Anschließend die Chia-Samen hinzufügen und das Amaranth-Knuspermüsli darüber streuen.
Mit Hafermilch verrühren.

Gute-Laune-Müsli

Dieses Müsli wirkt belebend und sorgt schon beim Frühstück für gute Laune. Es hat entschlackende Zutaten und bietet einen kraftspendenden Energiekick.

Du benötigst:

Basismüsli (Menge nach Wahl)
Frisches Obst wie Mango, Birne, Orange, Erdbeeren, grüne Weintrauben, Himbeeren, Blaubeeren oder Brombeeren
1 EL Amaranth-Knuspermüsli
1 EL Kokosflocken
1 EL eingeweichte Chia-Samen (über Nacht einweichen)
Sojajoghurt

Zubereitung:

Basismüsli mit dem klein geschnittenen Obst, den Chia-Samen, den Kokosflocken und dem Sojajoghurt vermengen. Amaranth-Knuspermüsli darüber streuen.

Chakra-Tipp:
Ein kraftvolles und ausgewogenes Frühstück mit Früchten, Proteinen und Getreide bewusst und in Ruhe eingenommen, ermöglicht einen vitalen und fröhlichen Start in deinen Tag. Für Frühstücksfaule geht natürlich auch Flüssigfrühstück.

Eine gesunde Ernährung ist wichtig – besonders bei Stress
In stressigen Zeiten ist die gesunde Ernährung besonders wichtig, denn mangelnde Vitamine und Nährstoffe sowie zu viel Zucker und Fett belasten den Körper zusätzlich. Eine bewusste Ernährung kann auch in anstrengenden Phasen mehr Energie und Kraft spenden als Fast Food.

Immun-Fitness-Drink

Du benötigst:

1 kleine Orange

1 Stück frischer Ingwer (ca. 1 cm)

½ kleine Avocado

50 g Ananas-Fruchtfleisch

1-2 TL Zitronensaft

Zubereitung:

Ingwer schälen, Avocado, Ananas, Orange, Zitronensaft und 100 ml kaltem Wasser in einen Mixer geben und fein pürieren.

Stoffwechsel-Kick-Drink

Du benötigst:

1 kleiner Apfel

2 kleine Kiwis

100 g Ananas-Fruchtfleisch

1 EL Chia-Samen (über Nacht eingeweicht)

etwas Limettensaft

Zubereitung:

Kiwis schälen, mit Chia-Samen, Apfel, Ananas, Limettensaft und 100 ml kaltem Wasser in einen Mixer geben und fein pürieren.

Ruhe-und-Regeneration-Drink

Du benötigst:

1 Banane
1 EL feine Haferflocken
100 ml Reis- oder Hafermilch

Zubereitung:

Banane schälen und zusammen mit den Haferflocken und der veganen Milch in einen Mixer geben. Alles fein pürieren.

Happy-Morning-Drink

Du benötigst:

3 Saftorangen
1 kleine reife Mango
1 reife Banane
100 g Sojajoghurt

Zubereitung:

Orangen schälen, auspressen und den Saft in einen Mixer geben. Mango schälen, vom Kern lösen und in kleine Stücke schneiden. Gemeinsam mit der Banane und dem Joghurt in den Mixer geben und fein pürieren.

Chakra-Tipp:
Wusstest du, dass Sprossen durch ihre lebendigen Enzyme deinen Stoffwechsel unterstützen und deine Energieproduktion ankurbeln?

Lieber ein Brot?

Ein Geschmackserlebnis mit wertvollen Fetten, kostbarer Frische und pflanzlichen Proteinen.

Glücks-Frühstück

Du benötigst:

Vollkornbrot
Avocado
Tomatenaufstrich
rote Paprika
junge Sprossen
Kresse
grober Pfeffer

Zubereitung:

Vollkornbrot gibt es in verschiedenen Varianten – getoastet oder ungetoastet. Das Vollkornbrot mit Avocado belegen. Leicht mit Tomatenaufstrich bestreichen und mit Pfeffer aus der Mühle würzen. Rote Paprika in dünne Streifen schneiden und belegen. Sprossen und Kresse darüber streuen.

Pausensnacks für Zwischendurch

Fingerfood ist eine gute Unterstützung, um sich zusätzlich mit Vitaminen und Energie zu versorgen. Zimt senkt den Blutzuckerspiegel und bremst den Heißhunger auf Süßes.

Energien in Balance bringen

Der bewusste Umgang mit den Chakras bietet eine Oase, in der Berührungen mit der eigenen Seele möglich sind. Etwas für sich tun, auf eine ausgewogene Ernährung achten und gesund leben sind ein wichtiger Schritt, um die Energien von Körper, Geist und Seele in Balance zu bringen. Während der physische Körper mit Nahrung, Flüssigkeit und Schlaf versorgt werden muss, benötigt die Seele positive Energie, um ihre Aufgabe zu erfüllen und für Wohlbefinden zu sorgen. Die Achtsamkeit für die Energiezentren kann dabei helfen, Ruhe zu finden, die inneren Kraftressourcen zu aktivieren und Selbstliebe zu spüren, um das eigene Potenzial zu erkennen und zu nutzen. Das Ziel der Energiearbeit mit den Chakras ist deren ausgeglichene und harmonische Funktion.

Power für Zwischendurch

Bereite dir einen bunten Obststückchen-Teller mit Nüssen zu.

Heißhungerbremse

Süße Apfelspalten mit Zimt bestäuben, dazu Paranüsse.

Lässig den Stoffwechsel ankurbeln

Ingwer ist nicht nur gut, um lästigen Erkältungskrankheiten den Kampf anzusagen, er kurbelt auch unseren Stoffwechsel an. Einfach über den Tag verteilt trinken – heiß oder kalt.

Im Alltag etwas für das Solarplexus-Chakra tun

Besonders im Umgang mit Kindern ist es hilfreich, auf konstruktive Kritik und aufrichtiges Lob zu achten. Kinder sollten die Gelegenheit haben, sich mit verschiedenen Themen auseinanderzusetzen. Auf diese Weise kann die Persönlichkeit, die Identität und das Ich-Bewusstsein gestärkt werden. Erwachsene können im Alltag etwas für ihr Solarplexus-Chakra tun, indem sie aktiv die Verbindung zu Gruppen suchen und mit anderen Menschen ein gemeinsames Hobby ausüben. Hier kann die sanfte Integration in die Gruppenarbeit und die schonende Überwindung von Ängsten geübt werden.

Solarplexus-Power-Drink

Du benötigst:

2-3 cm Ingwer (geschält)
Saft aus 3 Orangen
Saft aus einer Zitrone
1 L heißes Wasser
Zum Süßen Agavendicksaft, Honig oder Ahornsirup

Zubereitung:

Alles zusammen in einen Mixer geben und fein pürieren.

Das Solarplexus-Chakra

Aktiviert wird das Solarplexus-Chakra vor allem im Bereich der zwischenmenschlichen Beziehungen. Es ist das Zentrum, durch das Energien von anderen Personen aufgenommen werden – positiver oder negativer Art. Ein typisches Phänomen ist es, dass die Arme vor dem Bauch verschränkt werden, wenn eine Person oder ein Gespräch als unangenehm empfunden werden, um das Solarplexus-Chakra vor den negativen Energien zu schützen (Chi, 2014). Das Energiezentrum ist der Sitz der Macht und der Willensstärke, die für das nötige Selbstbewusstsein sorgt, um offen auf Neues zuzugehen und das auf dem Weg zur Erleuchtung eine wichtige Rolle spielt.

Salat schmeckt immer

Salate in den unterschiedlichsten Variationen sind eine gute Möglichkeit, rohe unverarbeitete Lebensmittel lecker zuzubereiten. Sie sind leicht, können vielseitig bestückt werden und sind durch ihre Vielseitigkeit hochwillkommen bei unseren Chakras.

Chakra-Tipp:
Garniere deine Salate oder Gerichte immer mit frischen Kräutern und essbaren Blüten. Das verleiht ihnen einen tollen Geschmack, sieht gut aus und bietet Vitamine. Geeignet sind zum Beispiel Borretsch, Kapuzinerkresse, Holunder, Rosenblüten, Gänseblümchen oder Löwenzahnblüten. Diese sind nicht nur gut für unser Herzchakra, sondern fördern auch die Liebe zum bewussten Essen. Sie erinnern uns an die Liebe und das Verständnis für den Reichtum unserer wunderbaren Natur.

Schönheit von Innen

Schnelles Rezept für zwei Portionen Salat.

Du benötigst:

1 Avocado
2 Lauchzwiebeln
4 Tomaten
Pinienkerne
Basilikumblätter
Schnittlauch
Balsamico Essig
Olivenöl
Crema di Balsamico
Honig
Salz und Pfeffer

Zubereitung:

Die Avocado halbieren, in der Schale würfeln, mit einem Löffel herausheben und auf einen Teller legen, Pfeffer und Salz aus der Mühle darüber geben. Die Lauchzwiebeln putzen, die Tomaten waschen und beides in Würfel geschnitten über die Avocado geben. Ebenfalls mit Pfeffer und Salz aus der Mühle würzen. Die Pinienkerne ohne Fett kurz in der Pfanne anrösten und über das Gemüse geben. Balsamico Essig und Öl mit Pfeffer, Salz und etwas Honig verrühren und über den Salat geben. Basilikumblätter und Schnittlauch waschen, trockentupfen, hacken und dem Salat hinzufügen, Crema di Balsamico darüber geben.
Dazu ofenwarmes Baguette in Dressing gedippt genießen.

Erfrischender Couscous-Salat

Couscous-Salat mit einer frischen Zitronen-Joghurt-Sauce.

Du benötigst:

300 g Couscous Instant
3 Paprikaschoten, bunt
1 Salatgurke
1 Zwiebel
1 Packung Schafskäse
2 Tomaten in Würfeln
50 g Mandeln
250 g Joghurt vegan
1 Zitrone
Salz und Pfeffer
frische Minze
Petersilie

Zubereitung:

Couscous Instant mit 300 ml kaltem Wasser einweichen. Gemüse und Zwiebel in kleine Würfel schneiden, die grob gehackten Mandeln und den zerbröselten Schafskäse unter den Couscous mischen.

Für das Dressing:
Den Joghurt mit dem Zitronensaft, Salz und Pfeffer abschmecken. Die frischen, gehackten Kräuter dazugeben. Die Sauce separat zum Salat servieren.

Quinoa-Salat mit Gemüse

Quinoa-Salat mit Möhre und Zucchini.

Du benötigst:

250 g Quinoa
2 große Zucchini
4 große Möhren
½ Zitrone
Olivenöl
Balsamico Essig
Salz und Pfeffer
1 Knoblauchzehe
Frische Kräuter, wie Basilikum, Thymian, Petersilie
750 ml Gemüsebrühe

Zubereitung:

Die Quinoa waschen und kurz in Öl anbraten, dann mit 750 ml Gemüsebrühe ablöschen und 20 Minuten köcheln lassen. In der Zwischenzeit die Zucchini gut waschen und die Möhren schälen. Die Quinoa abgießen und abtropfen lassen. Die Möhren fein raspeln, die Zucchini mit Schale längs halbieren, die Kerne entfernen und den festen Bestandteil fein raspeln. Zucchini und Möhren mit der noch warmen Quinoa vermengen.

Für das Dressing:

Knoblauch pressen oder ganz fein hacken und mit dem Saft einer halben Zitrone vermengen. Die Kräuter fein hacken und dazugeben. Alles vorsichtig unterheben und mit Salz, Pfeffer, Olivenöl und etwas Balsamico Essig abschmecken.

Orientalischer Salat

Du benötigst:

Für neun Falafel:

200 g Kichererbsen
1 kleine Zwiebel
1 Knoblauchzehe
Kleines Bund Petersilie
Kleines Bund Koriander
1 TL gemahlener Kreuzkümmel
¼ TL Backpulver
2 EL Mehl
1 L Öl zum Frittieren

Für den Dip:

¼ Salatgurke
Minzblätter
4 EL Sojajoghurt
Salz und Pfeffer

Für den Salat:

jungen Spinat
1 kleine Zwiebel
½ gelbe Paprika
½ rote Paprika

Für das Dressing:

Olivenöl
1 EL süßer Senf
Saft einer ½ Limette
½ TL Honig
Salz und Pfeffer

Zubereitung:

Für die Falafel:

Die Kichererbsen über Nacht in reichlich Wasser einweichen. Abgießen, gut abtropfen lassen und mit dem Stabmixer fein pürieren. Die Zwiebel pellen und sehr fein würfeln, den Knoblauch abziehen und durch eine Knoblauchpresse drücken. Kräuter abspülen, trocknen und fein hacken. Zwiebel, Knoblauch, Kräuter, Kreuzkümmel, Backpulver und 50 ml Wasser zu der Kichererbsenmasse geben, durchmengen und mindestens 20 Minuten ruhen lassen. Der Teig sollte gut formbar sein, bei Bedarf noch etwas Mehl nachgeben.

Inzwischen den Minzdip zubereiten:

Die Gurke waschen, trocknen und in feine Stifte schneiden, salzen und 10 Minuten ziehen lassen – danach das Gurkenwasser abgießen. Minze waschen, fein hacken, mit dem Joghurt und der Gurke verrühren sowie mit Pfeffer und Salz abschmecken. Das Öl erhitzen.

Nun geht es an die Falafel:

Aus dem Kichererbsenteig neun kleine Bällchen formen und im heißen Öl ungefähr 3-4 Minuten knusprig backen, bis sie schön braun sind. Bällchen auf Küchenkrepp abtropfen lassen.

Für den Salat:

Die Spinatblätter waschen und trocknen. Die Zwiebel schälen und fein zerkleinern. Rote und gelbe Paprika waschen und in feine Würfel schneiden.

Für das Dressing:

Olivenöl mit Senf, Honig und Limettensaft verrühren und mit Salz und Pfeffer abschmecken.

Chakra-Tipp:

Bereits Hildegard von Bingen erwähnte in ihren Aufzeichnungen die positive Auswirkung der Kichererbse auf unseren Körper.

Jedes Körnchen Couscous
steht für eine gute Tat.

Der ausgleichende Endiviensalat

Die angegebene Menge reicht
für zwei Personen.

Du benötigst:
4 Tomaten
½ Zucchini
4 EL Couscous
Himbeeren
Olivenöl
Himbeeressig
Salz und Pfeffer

Zubereitung:
Den Couscous in ein Schälchen geben und mit heißem, nicht kochendem Wasser übergießen und fünf Minuten quellen lassen. In der Zeit den Salat waschen, trocknen, verlesen und in eine Schüssel geben. Die Zucchini und Tomaten waschen und klein geschnitten zum Salat geben. Alles zusammen mit dem Couscous vermengen.
Für das Dressing:
Olivenöl und Himbeeressig, Salz und Pfeffer mischen und darüber geben. Anrichten und mit Himbeeren garnieren.

Chakra-Tipp:
Ein Marokkanisches Sprichwort lautet:
Jedes Körnchen Couscous steht
für eine gute Tat.

Herzöffnender warmer Gemüsesalat

Die angegebene Menge reicht für zwei Personen.

Du benötigst:

1 kleiner Brokkoli
2 Möhren
1 kleiner Fenchel
1 Handvoll Zuckerschoten
4 Tomaten
100 g Räuchertofu
1 EL Sojasauce
Kokosfett

Für das Dressing:

Olivenöl
1 TL scharfer Senf
Saft einer ½ Limette
½ TL Honig
Himalaya- oder Meersalz
grober Pfeffer

Zubereitung:

Brokkoli, Möhren, Fenchel und Zuckerschoten waschen, trocknen, schneiden und in Salzwasser bissfest dünsten, danach etwas abkühlen lassen. Räuchertofu trocken tupfen, in Würfel schneiden und in der Pfanne mit Kokosfett bei mittlerer Hitze goldbraun braten und mit Sojasauce ablöschen. Kurz weiterbraten, danach etwas abkühlen lassen.

Für das Dressing:

Olivenöl mit Senf, Honig und Limettensaft verrühren und mit
Salz und Pfeffer abschmecken.

Dann geht es ans Anrichten:

Die Tomaten in Spalten schneiden und mit dem abgekühlten Gemüse und dem Tofu zusammen anrichten und das Dressing darüber verteilen.

Das Herz-Chakra

Die Fähigkeit, die Liebe anderer zu spüren und Mitgefühl zu empfinden, liegt im Herz-Chakra verborgen. Ein geöffnetes Herz-Chakra verleiht das Gefühl der Selbstakzeptanz, die Fähigkeit zu vergeben und selbstlos zu handeln. So kann es zu harmonischen zwischenmenschlichen Beziehungen beitragen.

Im Alltag etwas für das Herz-Chakra tun

Um das Herz-Chakra im Alltag zu pflegen, kann die Achtsamkeit auf das Thema Dankbarkeit gelenkt werden. Diese Anerkennung der positiven Dinge im Leben des Hier und Jetzt gilt als Schlüssel zum Herz-Chakra und kann zu einer Öffnung und Aktivierung des Energiezentrums beitragen. Im Alltag kann das Herz-Chakra zudem durch öffnende Gesten, wie Umarmungen oder Brustschwimmen, gestützt werden. Da das Herz-Chakra mit dem Wind in Verbindung steht, sollte dieser genossen werden – bei offenem Fenster Autofahren oder dick eingepackt an einem windigen Herbsttag spazieren gehen.

Suppen: schnell, lecker und gesund

Wir lieben Suppen! Sie sind schnell gemacht und bieten jede Menge wertvolle Nähstoffe. Zudem sind sie gut für unseren Flüssigkeitshaushalt und lassen sich auch praktisch vorkochen.

Chakra-Tipp:
Wusstest du, dass die Möhre ein großartiger Vitamin A-, C- und E-Lieferant ist? Sie wächst in der Erde und ist somit dem Basis-Chakra zugeordnet, aber über ihre wundervolle Farbenergie unterstützt sie zusätzlich unser Sexual-Chakra.

Möhren-Ingwer-Kokos-Suppe

Diese Suppe ist erdend und belebend. Die Menge reicht für ca. vier Personen.

Du benötigst:

1 kleine Zwiebel
500 g Möhren
1 Orange
400 ml Gemüsebrühe
500 ml Kokosmilch
2 cm frischen Ingwer
1 TL Honig
1 EL Currypulver
½ TL Thai-Currypaste (rot)
Kokosfett

Zubereitung:

Die gewürfelte Zwiebel in heißem Kokosfett anbraten, danach die in dünne Scheiben geschnittenen Möhren dazugeben und kurz mitrösten. Das Currypulver und den Honig hinzufügen. Kurz durchrühren. Danach den Saft aus der Orange, den gewürfelten Ingwer und die Gemüsebrühe zufügen. Ca. 20 Minuten köcheln lassen, bis die Karotten weich sind. Die Kokosmilch und die Currypaste hineingeben. Umrühren und noch kurz aufkochen lassen. Mit dem Pürierstab alles gut pürieren. Mit Kräutern und Blüten garnieren.

Das Wurzel-Chakra

Im Wurzel-Chakra ist der Lebenswille lokalisiert. So repräsentiert das sogenannte Basischakra Geborgenheit, Mut und Lebenskraft. Im Alltag sorgen innere Stabilität und Sicherheit durch ein geöffnetes und aktives Wurzel-Chakra für mehr Gelassenheit. Unvorhergesehenes kann uns nicht mehr so schnell aus der Bahn werfen, denn das Grundgefühl zum Leben und zur Sicherheit in diesem ist positiv.

Im Alltag etwas für das **Wurzel-Chakra tun**

Ruhige Stunden und Aufenthalte in der Natur unterstützen das Wurzel-Chakra bei der Regeneration. Erdende Nahrung kann diesen Vorgang ebenfalls begleiten. Ergänzend kann eine Chakra-Meditation gezielt die Aufmerksamkeit auf das Energiezentrum lenken und eine Arbeit mit diesem ermöglichen. Um eine langfristige und dauerhafte Auflösung der Störungen und Blockaden zu erreichen, kann die aktive Arbeit mit den erlittenen Traumata helfen.

Alles-muss-weg-Suppe

Für diese Suppe kannst du frei deine Gemüsereste verarbeiten, um die Geschmacksvielfalt zu erhöhen - sei kreativ!
Dies ist hier unsere Variante für vier Personen:

Du benötigst:

1 Zucchini
75 g Knollensellerie
1 Fenchel
1 kleiner Brokkoli
1 Handvoll Bohnen
1 Handvoll Erbsen
2 Möhren
2 Kartoffeln
1 L Gemüsebrühe
1 TL Senf mittelscharf
1 Knoblauchzehe
1 Chilischote, klein gehackt
2 EL Pinienkerne
1 Packung Kresse

Zubereitung:

Das gesamte Gemüse waschen, putzen, in kleine Stücke schneiden und mit der gehackten Chili in einem Liter Gemüsebrühe ca. 20 Minuten köcheln lassen. Anschließend vom Herd nehmen, den Senf einrühren und mit dem Pürierstab fein pürieren.

Für das Topping:

Die Pinienkerne ohne Fett kurz in der Pfanne rösten und über die Suppe streuen. Mit Kräutern oder Blüten anrichten.

Flotte Tomatensuppe

Dieses leckere Süppchen vereint Kraft und Leichtigkeit in sich. Unsere Menge reicht für zwei Portionen.

Du benötigst:

500 g sonnengereifte Tomaten
100 ml Wasser
1 kleine Zwiebel
Salz
Honig
1 EL Hafersahne
frisches Basilikum

Zubereitung:

Die Tomaten waschen, vierteln, den Stielansatz entfernen und das Fruchtfleisch in einen Topf geben. Die Zwiebel pellen und würfeln. Etwas Wasser hinzufügen und auf kleiner Flamme 20 Minuten köcheln lassen. Mit dem Stabmixer fein pürieren nochmals kurz aufkochen lassen und mit Salz und etwas Honig abschmecken. Anschließend vom Herd nehmen, Hafersahne einrühren und mit reichlich gehacktem Basilikum servieren.

Chakra-Tipp:
Tomaten sind gesund und bieten viel Vitamin C, sie haben zudem nur sehr wenige Kalorien.

Linseneintopf mit Räuchertofu

Proteine sind wichtig und du kannst sie deinem Körper über Hülsenfrüchte, wie Linsen, zuführen. Unser Rezept reicht für vier Personen.

Du benötigst:

400 g Räuchertofu
3 Zwiebeln
400 g Linsen
Kokosfett
1 L Gemüsebrühe
2 Möhren
2 Stangen Lauch
1 Sellerieknolle
1 Knoblauchzehe
1 EL Senf
1 Bund Schnittlauch

Zubereitung:

Die Zwiebeln und den Knoblauch klein schneiden und mit den Linsen im Topf mit dem Kokosfett anschwitzen. Mit Gemüsebrühe ablöschen und 20 Minuten köcheln lassen. Möhren, Sellerie und Lauch klein schneiden und hinzugeben. Räuchertofu in kleine Würfel schneiden und in der Pfanne mit etwas Kokosfett bei hoher Temperatur goldbraun braten. Zu den köchelnden Linsen hinzufügen und weiter köcheln lassen, bis die Linsen gar sind. Mit Senf, Pfeffer und Salz abschmecken und mit gehacktem Schnittlauch servieren.

Chakra-Tipp:
Linsen stellen für Vegetarier oder Veganer eine wertvolle Eiweißquelle dar.

Frische Rote-Bete-Suppe

Think Pink heißt es bei dieser Suppe. Unsere Mengenangaben reichen hier für ungefähr vier Personen.

Du benötigst:

2 kleine Zwiebeln
3 Knollen Rote Bete, mittelgroß
1 Orange (die Schale wird benötigt, deswegen Bioqualität wählen)
1 cm Ingwer, frisch gerieben
2 Prisen Chilipulver
400 ml Gemüsebrühe
200 ml Hafersahne
100 ml Weißwein
200 ml Orangensaft
50 g veganer Schmand
1 EL Kokosfett

Zubereitung:

Die Zwiebeln schälen und klein schneiden. In einem großen Topf mit dem Kokosfett anschwitzen lassen. Um Verfärbungen zu vermeiden, solltest du die Rote Bete mit Handschuhen verarbeiten. Zuerst schälen, in Würfel schneiden und dann in den Topf geben. Eine Prise Chili zufügen und mit Weißwein ablöschen, verkochen lassen. Mit dem Saft der ausgepressten Orange auffüllen und ebenfalls fast verkochen lassen. Mit Brühe auffüllen und ca. 10 Minuten garen, bis die Rote Bete weich ist. Dann die Hafersahne sowie den frisch geriebenen Ingwer zufügen, nochmals aufkochen lassen und im Anschluss fein pürieren. Die fertige Suppe in Tassen oder tiefe Teller füllen, einen Löffel mageren Schmand in die Mitte geben. Etwas Orangenschale darüber reiben und für diejenigen, die es etwas schärfer mögen, noch etwas Chili darüber streuen.

Chakra-Tipp:
Die Rote Bete ist ein Allroundtalent für deinen Körper. Bringe sie ruhig des Öfteren auf den Tisch.

Abwehrpower Kürbis-Apfel-Suppe

Für starke Abwehrkräfte ist diese Suppe genau das Richtige. Unsere Menge reicht für vier Personen.

Du benötigst:

1 kg Hokkaido mit Schale

1 Zwiebel

3 Äpfel, säuerlich, z. B. Boskop

1 EL Kokosfett

1 L Gemüsebrühe

Für das Topping:

400 g Kartoffeln, festkochend

100 g Räuchertofu

4 Stiele Thymian, frisch

1 EL Kokosfett

Salz und Pfeffer

Zubereitung:

Den Kürbis waschen, in Spalten schneiden und entkernen. Bei einem Hokkaido kann das Schälen entfallen, alle anderen Kürbisarten müssen geschält werden. Das Kürbisfleisch grob würfeln. Die Zwiebel schälen und fein hacken. Die Äpfel vierteln, entkernen, schälen und in Würfel schneiden. Das Kokosfett in einem Topf erhitzen. Die Zwiebelwürfel darin andünsten. Kürbis dazugeben und mitdünsten. Einen Liter Gemüsebrühe dazugießen und aufkochen lassen. Dann die Äpfel zufügen und alles etwa 20 Minuten bei halb geschlossenem Deckel köcheln lassen. Das Kürbisfleisch sollte durchgegart sein.

In der Zwischenzeit bereiten wir das Topping zu:

Die Kartoffeln schälen, waschen und ganz fein würfeln, anschließend mit Kokosfett anbraten. Das dauert etwa 10 Minuten. Dabei darauf achten, dass sie nicht zusammenbacken. Den Tofu klein würfeln und zu den Kartoffeln geben. Den Thymian waschen und von den Stielen streifen. Zum Tofu und den Kartoffeln dazugeben. Mit Salz und Pfeffer würzen. Die Suppe mit dem Stabmixer fein pürieren und abschmecken. In Suppentassen füllen und das Topping drüber geben.

Chakra-Tipp:

Der Hokkaidokürbis ist kalorienarm, soll die Sehkraft stärken und ist reich an Ballaststoffen und Mineralien. Wusstest du, dass er zu der Gattung der Beeren gehört?

Im Alltag etwas für das Hals-Chakra tun

Entlastende Kost kann helfen, das Energiezentrum wieder zu aktivieren und zu öffnen. Hilfreich sind zudem Spaziergänge in der Natur während eines sonnigen Tages, an dem die Geräusche der Natur aufgenommen werden können. Singen kann ebenso unterstützend wirken wie das Anrufen eines alten Freundes oder das Schreiben eines Briefes an eine geliebte Person.

Das Hals-Chakra

Das Hals-Chakra ist der Sitz unseres eigenen Klangs. Über dieses Energiezentrum entsteht der kreative Ausdruck des inneren Selbst. Durch ein geöffnetes Hals-Chakra ist das Leben in der eigenen Wahrheit und in Ehrlichkeit zu sich selbst und anderen möglich. So trägt es zu einer Öffnung für die feinstofflichen Ebenen und zum Leben in der Synchronizität bei, in der alles als miteinander verwoben und aufeinander bezogen erfahren wird.

Leckeres aus der Pfanne

Die Pfanne ist bei uns immer in Gebrauch. Empfehlenswert ist auch ein Wok. Wenn du einen besitzt, setze ihn ein. Für die meisten Gerichte kannst du die Pfanne durch einen Wok ersetzen.

Gemüsepfanne mit Quinoa und Couscous

Bunt macht fröhlich – also rein damit in die Pfanne.

Du benötigst:

250 g Couscous
100 g Quinoa
800 ml Gemüsebrühe
1 TL Minze, getrocknet, zerrieben
2 Zweige frisches Zitronengras
4 EL Pinienkerne
1 rote Zwiebel, gehackt
1 Zucchini, in Halbscheiben geschnitten
2 Möhren
1 große rote oder grüne Paprikaschote, gewürfelt
1 kleiner Kopf Blumenkohl, in Röschen zerteilt
1 kleiner Kopf Brokkoli, in Röschen zerteilt
2 EL Kokosfett
½ TL Kreuzkümmel, gemahlen
½ TL Thymian, getrocknet, zerrieben
½ TL Koriander, gemahlen
100 ml Wein, weiß
Salz und Pfeffer

Zubereitung:

Die Quinoa in 200 ml Gemüsebrühe 15 Minuten sanft köcheln lassen. Den Couscous und die Minze zusammen mischen, mit 500 ml warmer Gemüsebrühe übergießen, die Zitronengraszweige darüber legen und ausquellen lassen. Währenddessen die Pinienkerne ohne Fett in der Pfanne kurz rösten, herausnehmen und beiseitestellen. Das Gemüse putzen, vorbereiten und in Stücke schneiden. Das Kokosfett in einer Pfanne erhitzen, die Zwiebel ein paar Minuten darin anbraten. Das restliche Gemüse nach der Garzeit (Karotten, Blumenkohl, Brokkoli, Zucchini, Paprika) hinzufügen und 5-10 Minuten schwenken. Mit den Kräutern würzen und mit dem Weißwein ablöschen. Dünsten bis sich die Flüssigkeit reduziert hat, dann mit Pfeffer abschmecken. Anschließend mit ca. 100 ml Gemüsebrühe füllen und halb zugedeckt auf kleiner Flamme 5-10 Minuten gar werden lassen. Eventuell mit Salz und Pfeffer nachwürzen. Die gerösteten Pinienkerne zugeben. Die Zitronengraszweige von dem Couscous herunternehmen. Das Gemüse kann nun unter die Quinoa und den Couscous gehoben oder separat angerichtet werden.

Chakra-Tipp:
Quinoa ist komplett glutenfrei.
Wusstest du, dass die Quinoa mit dem Mangold und der Roten Bete verwandt ist?

Spinat-Tofu-Pfanne mit Champignons

Mit diesem Rezept ist schnell etwas Gutes auf den Tisch gezaubert, das Energie spendet und gut schmeckt.

Du benötigst:

1 EL Kokosfett
4 Zwiebeln
250 g frische Champignons
2 Knoblauchzehen
60 g Peperoni
300 g Tofu, natur
1 TL Kurkuma
200 g junger Spinat
1 EL Koriander
1 EL Sojasauce
2 EL Dijonsenf
Salz und Pfeffer
2 Süßkartoffeln
4 Rosmarinzweige
Pfeffer und Salz
1 EL Öl

Zubereitung:

Die Süßkartoffeln waschen, mit Schale in Würfel schneiden. Die Würfel in Öl, Salz und Pfeffer wenden, auf einem Backblech verteilen und mit Rosmarinzweigen belegen. Bei 180 °C ungefähr zehn Minuten im vorgeheizten Backofen goldbraun backen. Das Öl in einer Pfanne erhitzen, fein gehackte Zwiebeln und in Scheiben geschnittene Pilze rund 3 Minuten andünsten. Die gepressten Knoblauchzehen und gewürfelte Peperoni zugeben und weitere 2 Minuten dünsten. Den Tofu dazu krümeln und noch kurz weiter garen. Jetzt Kurkuma dazugeben und die Mischung wenden, bis sie gleichmäßig gelb ist. Den Koriander und die Sojasauce hinzufügen. Den Spinat hinzugeben und kurz zusammenfallen lassen. Das Gericht vom Herd nehmen und den Senf unterheben. Mit Salz und Pfeffer würzen. Süßkartoffeln vom Rosmarin befreien und mit Spinat servieren.

Chakra-Tipp:
Spinat regt den Stoffwechsel an und ist gut für deine Haut, Haare und Nägel.

Göttinnenspeise

Dieses Linsen-Mangold-Curry schmeckt nicht nur Göttinnen. Unsere Mengenangabe reicht für ungefähr vier Personen.

Du benötigst:

250 g Mangold
250 g Linsen
2 Zwiebeln
2 Knoblauchzehen
2 EL Sesam
2 EL Kokosfett
400 ml Kokosmilch
400 ml Gemüsebrühe
3 cm Ingwer
2 EL Zitronensaft (frisch gepresst)
1 TL Kreuzkümmel
½ TL Kurkuma
Salz

Zubereitung:

Den Mangold putzen und waschen. Die Stiele würfeln und die Blätter in Streifen schneiden. Zwiebeln, Knoblauch und Ingwer schälen. Die Zwiebeln würfeln, den Knoblauch und Ingwer hacken. Die Linsen in einem Sieb durchspülen und abtropfen lassen. Zwiebeln, Knoblauch und Ingwer mit Kokosfett anschwitzen. Sesam, Kreuzkümmel und Kurkuma dazugeben und kurz mitbraten. Linsen, Mangold, Kokosmilch und Brühe zufügen. Mit Salz würzen und alles etwa 15 Minuten bei mittlerer Hitze kochen. Mit Salz und Zitronensaft abschmecken.

Chakra-Tipp:
Mangold gehört zu der Gattung der Rüben und ist ein sehr guter Vitamin K-Lieferant. Das Vitamin K gilt als vernachlässigtes Vitamin, dabei ist es so wichtig, um die Blutgerinnung zu kontrollieren und den Knochenaufbau zu unterstützen. Achtung: In Maßen essen, denn zu viel Mangold fördert die Steinbildung.

Pasta – Nudeln mal anders

Nudeln und Wunschgewicht – passt das zusammen?
Wir sagen: „Ja, auf die Menge kommt es an!"
Da Nudeln aber immer so lecker schmecken und uns das Maßhalten bis zum Chakra-Food schwer fiel, verraten wir dir unsere Pasta-Geheimnisse.

Liebesnudeln

Diese Zucchini-Nudeln mit Pesto sind superlecker und reichen für vier Personen.

Du benötigst:

3 Zucchini
1 Aubergine
150 g Nudeln
½ EL Kokosfett
Salz und Pfeffer
1 Bund Basilikum, gezupft

120 ml Olivenöl
1 kleine Knoblauchzehe, gepellt
60 g Parmesan, frisch gerieben
30 Pinienkerne, geröstet

Chakra-Tipp:
Basilikum besitzt entzündungshemmende Enzyme.

Zubereitung:

Für das Pesto:

Basilikum, Olivenöl und Knoblauch im Mixer oder mit dem Pürierstab zerkleinern. Dann die Nüsse und den Käse zufügen und noch einmal gut mixen. Gegebenenfalls mit Salz und Pfeffer etwas nachwürzen.
Tipp: Das Pesto hält sich gut verschlossen im Kühlschrank gelagert mindestens einen Monat.

Für die Nudeln:

Das Gemüse in ganz feine Streifen schneiden. Die Anschaffung eines Gemüsespiralschneiders hat sich für diese Fälle in unserer Küche wirklich gelohnt. Das Kokosfett in einer Pfanne zergehen lassen, die Zucchini und die Auberginen anbraten. In der Zwischenzeit die Nudeln in Salzwasser kochen. Wenn sie bissfest sind, zum Gemüse in die Pfanne dazugeben. Mit Salz und Pfeffer würzen. Zucchininudeln mit ein wenig Pesto vermengen. Mit frischen Basilikumblättern garnieren.

Mediterrane Öko-Nudeln

Figurbewusste essen hiervon eine kleinere Portion.

Du benötigst:

500 g kleine Vollkornnudeln
200 g getrocknete Tomaten in Öl
200 g frische Cocktailtomaten, geviertelt
2 Knoblauchzehen, in feinen Scheiben
½ scharfe Peperoni (in feine Ringe geschnitten)
50 g geröstete Pinienkerne
250 g Rucola
Parmesanspäne

Chakra-Tipp:
Vollkornnudeln liefern deinem Körper wertvolle Energie über viele Stunden.

Zubereitung:

Die Nudeln nach Packungsangabe kochen. Die in Streifen geschnittenen getrockneten Tomaten zusammen mit dem eigenen Öl (ggf. etwas Olivenöl hinzufügen) und der Peperoni anbraten. Die frischen Tomaten und den Knoblauch hinzufügen. Wenn die Tomaten warm sind, in den Topf zu den abgegossenen Nudeln geben und umrühren. Die Nudeln auf einem Teller anrichten, eine Handvoll Rucola darauf setzen und mit den gerösteten Pinienkernen bestreuen. Nach Wunsch zusätzlich mit Parmesanspänen garnieren.

Honig-Möhrennudeln-mit-Ziegenkäse

Wir sagen zu diesem leckeren Rezept: „Versuchungen sollte man nachgeben."

Du benötigst:

500 g Möhren
1 TL Kokosfett
1 TL Honig
2 EL Pinienkerne
100 g Ziegenkäse
Salz und Pfeffer

Zubereitung:

Die Möhren waschen, schälen und in feine Streifen schneiden (z. B. mit dem Sparschäler). Die Pinienkerne in der Pfanne ohne Fett kurz anrösten, herausnehmen und zur Seite legen. Das Kokosfett in der Pfanne erhitzen. Die Möhren und den Honig hinzugeben, zwei Minuten schwenken. Den zerbröselten Ziegenkäse und die Pinienkerne unterheben. Mit Salz und Pfeffer abschmecken. Sofort servieren.

Das Stirn-Chakra

Die Fähigkeit zur Visualisierung und die Entwicklung mentaler Konzepte und Bilder im Kopf liegen im Stirn-Chakra (Chi, 2014). Ein geöffnetes Stirn-Chakra ermöglicht eine gute Kommunikation mit der eigenen Seele. Auf diese Weise entsteht ein Gefühl des Geborgen- und Getragenseins im Leben.

Im Alltag etwas für das Stirn-Chakra tun

Im Alltag kann das Stirn-Chakra aktiviert werden, indem ein bewusstes Akzeptieren und Einlassen auf die Ereignisse des Lebens erfolgt. Sich tragen und überraschen lassen und die Dinge so annehmen, wie sie sind, unterstützt das Energiezentrum zusätzlich. Das Stirn-Chakra ist besonders empfänglich für kreative Visualisierungsübungen, die regelmäßig durchgeführt werden können. Logik-Puzzles und Übungen zum Gehirntraining schlagen in diesem Energiezentrum ebenfalls besonders gut an.

Feurige Basilikum-Nudeln

Figurbewusste essen hiervon eine kleinere Portion.
Unsere Mengenangabe reicht für vier Personen.

Du benötigst:

500 g Vollkornspaghetti
8 Peperoni, in Scheiben geschnitten
1 Knoblauchzwiebel
2 Bund frisches Basilikum
Olivenöl
Parmesanspäne

Chakra-Tipp:
Knoblauch gilt als Wunderknolle, neben vielen tollen Eigenschaften soll er auch die Libido steigern. Am besten mit dem Partner zusammen essen.

Zubereitung:

Die Nudeln wie in der beschriebenen Anleitung kochen. In der Zwischenzeit die Peperoni in reichlich Olivenöl anbraten und anschließend den in feine Scheiben geschnittenen Knoblauch hinzufügen. Den heißen Knoblauch und die Peperoni über die abgegossenen Nudeln in einem Topf zusammen vermengen und die abgezupften Basilikumblätter unterheben. Das Ganze noch einmal richtig heiß werden lassen, dann anrichten und mit Parmesan garnieren.

Das Sakral-Chakra

Personen mit einem geöffneten und aktiven Sakral-Chakra genießen sinnliche Erfahrungen und strahlen vor Lebensfreude. Sie drükken sich auf kreative Weise aus und führen positive zwischenmenschliche Beziehungen.

Im Alltag etwas für das Sakral-Chakra tun

Das Sakral-Chakra kann durch eine Ernährung mit reinigenden Früchten im Alltag unterstützt werden. Da das Element des Sakral-Chakras das Wasser ist, können Spaziergänge am Wasser oder das Baden ebenfalls einen positiven Einfluss auf das Energiezentrum nehmen.

Delikates für alle Fälle: Wraps

Warme oder kalte Füllung – hier passt alles rein. Probiere dich aus, verwende Reste und genieße die Abwechslung. Kombiniere verschiedene Salate mit vielseitigem Gemüse, nimm Sprossen, Nüsse und Saaten dazu. Bestreiche die Tortilla oder den Wrap mit unseren leckeren, verschiedenen Dips und rolle sie mit deiner Füllung nach Wahl ein. Wenn du deinen Wrap warm genießen möchtest, rolle ihn in Alufolie ein und lege ihn für 5-10 Minuten in den vorgeheizten Backofen bei 180° C. Wraps schmecken aber auch kalt hervorragend und eignet sich als gesunder Snack für unterwegs.

Wrap mit Waldpilzen, Nüssen und Schnittlauchdressing

Die Mischung der Zutaten macht diesen Wrap so einzigartig.

Du benötigst:

Für die Füllung:

200 g Brokkoli

2 Schalotten

1 Handvoll Walnüsse

150 g Pilze, frisch, z. B. Kräuterseitlinge, Champignons oder Pfifferlinge

½ Zucchini

Für das Dressing:

3 EL Mayonnaise, vegan

½ Bund Schnittlauch

1 EL Zitronensaft

4 Tortillas/ Wraps (Vollkorn oder Dinkel)

Salz und Pfeffer

Paprikapulver, edelsüß

Olivenöl

Zubereitung:

Die Walnusskerne hacken, ohne Zugabe von Fett in der Pfanne kurz anrösten und beiseitestellen. Die Schalotten abziehen und in feine Ringe schneiden. Die Zucchini waschen und in Stifte schneiden. Den Brokkoli waschen und in kleine Röschen teilen. Pilze putzen und in Stifte schneiden. Etwas Öl in der Pfanne erhitzen, Zwiebelringe und Brokkoliröschen zugeben, ca. 3-4 Minuten anbraten, dann die Pilze und die Zucchini dazugeben. Nochmals 3-4 Minuten braten, anschließend mit Salz, Pfeffer und Paprikapulver abschmecken. Gemüse vom Herd nehmen und gehackte Nüsse untermischen.

Für das Dressing:

Den Schnittlauch in kleine Ringe schneiden, mit der Mayonnaise und dem Zitronensaft mischen. Mit Salz und Pfeffer abschmecken. Das Dressing mit dem Gemüse vermengen und in die Tortillas rollen.

Chakra-Tipp:

Der Brokkoli gilt als Nährstoffbombe.

Avocado-Wraps

Bei sich selbst ankommen, wohlfühlen und diese leckeren Wraps genießen.

Du benötigst:

2 Frühlingszwiebeln
2 Bund Basilikum
300 g Tomaten
1 Limette
Salz und Pfeffer (Schwarzer aus der Mühle)
2 Avocados
4 Wraps/Tortillas

Zubereitung:

Die Frühlingszwiebeln putzen, waschen und in sehr feine Scheiben schneiden. Basilikum waschen, trocken schütteln und die Blätter abzupfen. Tomaten waschen, Stielansatz entfernen und Tomaten in schmale Spalten schneiden. Limetten auspressen. Avocados halbieren, das Fleisch aus der Schale mit einem Löffel herauslösen und mit einer Gabel grob zerdrücken, Limettensaft und Salz zugeben. Die Masse auf den Wrap verteilen, dick mit Pfeffer würzen und das Gemüse darauf verteilen, eng zusammenrollen.

Brotaufstriche einfach selber machen

Die leckeren Brotaufstriche schmecken am besten zu Vollkornbrot oder warmem Ofenbaguette. Da wir versuchen, auf tierische Fette weitestgehend zu verzichten, bekommst du hier einen kleinen Einblick in die Möglichkeiten, Butter und Käse zu ersetzen. Unsere Brotaufstriche liefern wertvolle Vitalstoffe und machen jede Brotzeit zu einem Erlebnis. Belege deine Brote zusätzlich noch mit frischen Gemüsestücken wie Möhren, Paprika, Tomaten, Sprossen, Kresse oder essbaren Blüten – das sieht nicht nur super aus, sondern liefert auch eine Extraportion Vitamine.

Muntermacher mit Avocado und Apfel

Der frühe Muntermacher sorgt schon auf dem Frühstücksbrot für gute Laune und einen Energiekick.

Du benötigst:

1 Avocado
1 Apfel
etwas Salz

Zubereitung:

Den Apfel schälen, das Kerngehäuse entfernen und den Apfel reiben. Die Avocado halbieren und den Kern herauslösen. Das Fruchtfleisch mit einem Löffel aus der Schale herauslösen, in eine Schale geben und mit einer Gabel zerdrücken. Die Avocado mit dem Apfel gut vermischen und mit Salz abschmecken. Frisch verzehren!

Extratipp: Interessant und deftiger wird es mit Zwiebelringen.

Chakra-Tipp:
Die Avocado wirkt sich positiv auf unsere Schönheit aus und stärkt unser Herz-Chakra.

Aufstrich mit Tomate-Pistazie-Knoblauch

Diese Leckerei hat es in sich und schmeckt auch zum Grillen super. Der schnell gemachte Aufstrich ist verwendbar als Brotaufstrich, Pesto oder Dip.

Du benötigst:

100 g Pistazien, geröstet

1 Knoblauchzehe, gepresst

6 kleine Cocktailtomaten, halbiert

1 EL Olivenöl

1 EL Kokosfett

1 Prise Kräutersalz

Zubereitung:

Alle Zutaten mit einem Pürierstab fein pürieren. Nach Geschmack salzen.

Avocado-Tomaten-Aufstrich mit Sprossen

Schmackhafte Raffinesse fürs Brot.

Du benötigst:

1 Avocado
1 mittelgroße Tomate
50 g Sonnenblumenkerne
70 ml Wasser
1 TL Meersalz
Pfeffer, frisch gemahlen
1 Msp. Chiliflocken
Saft einer 1/2 Zitrone
1 kleine Zwiebel
2 EL junge Sprossen (Soja oder Rucola)

Zubereitung:

Die Sonnenblumenkerne mit dem Wasser pürieren. Die Zwiebel schälen und in grobe Stücke schneiden. Die Avocado halbieren, den Kern entfernen und das Fruchtfleisch mit einem Löffel herauslösen. Die Zwiebel, das Avocado-Fruchtfleisch und den Zitronensaft zu den Sonnenblumenkernen geben und alles noch einmal fein pürieren. Mit Salz, Pfeffer und Chiliflocken abschmecken. Die Tomate in feine Würfel schneiden und zusammen mit den Sprossen unter die Avocado-Creme heben. Am besten frisch genießen.

Chakra-Tipp:

Reste der Aufstriche können gut verschlossen einen Tag im Kühlschrank aufbewahrt werden. Es empfiehlt sich für die Verwahrung, den Avocadokern in die Creme zu legen, da der Kern Enzyme enthält, die das Avocado-Fruchtfleisch vor dem Braunwerden schützt.

Der variable Brotaufstrich

Veganer Naturjoghurt mit einem Mix deiner Wahl.

Du benötigst:

200 g Naturjoghurt vegan

Salz und Pfeffer

Gemüse, Kräuter, Gewürze

Zubereitung:

Vermenge deine Basis aus Naturjoghurt sowie Salz und Pfeffer mit den unterschiedlichsten Zutaten, die du untereinander kombinieren kannst, wie du möchtest. Sei kreativ, vielleicht hast du ja selbst einige Ideen. Hier eine Auswahl an Zutaten mit denen wir Brotaufstrich je nach Gusto bestücken. An dieser Stelle eignen sich auch kleine Gemüse-Reststücke.

Wähle Kräuter:

- Schnittlauch
- Basilikum
- Petersilie
- Dill
- Kresse
- Marokkanische Minze

Wähle Gemüse:

- Paprikawürfel
- Tomatenwürfel
- Radieschenwürfel
- Gurkenwürfelchen
- Kapern
- Avocado gewürfelt oder zerdrückt
- Zwiebelwürfel
- Knoblauch gepresst

- **Wähle die Note:**
- Senf
- Tomatenmark
- Pesto

Wähle Gewürze:

- Rosenpaprika
- Curry
- Chili
- Kurkuma

Chakra-Tipp:

Radieschen enthalten sehr viel Vitamin C, Kalium, Magnesium, Calcium, Eisen und einige B-Vitamine.

Smoothies: Vielseitige Powerdrinks mixen

Mix dir einen leckeren Smoothie – unsere Rezepte bieten dir Abwechslung. Smoothies sind schnell gemacht, super gesund und wir können fast alles verwerten. Probiere dich ein bisschen aus. Finde heraus was du am liebsten magst.

Chakra-Tipp:
Sei experimentierfreudig, was ist vorhanden, was muss verbraucht werden? Passt da vielleicht etwas zusammen? Je abwechslungsreicher dein Speiseplan ist, umso besser für deine Chakras.

Grüner Smoothie mit Obst und Gemüse

Du benötigst:

1 grüner Apfel
½ Banane
1 Handvoll Blattspinat, TK
½ Gurke, geschält
1 EL Leinöl
40 ml Apfelsaft
Saft einer Limette
4 Zweige frischer Kerbel
½ TL Chia-Samen zum Verzieren
1 Handvoll Crushed-Eis

Zubereitung:

Alle Zutaten, außer den Chia-Samen und dem Kerbel, vermengen bzw. im Mixer zu einer homogenen Masse verarbeiten. Das Getränk in Gläser füllen und mit Kerbel und Chia-Samen verziert servieren.

KRUPS
ICE CRUSH

Möhren-Kürbis-Rote-Bete-Gurke-Apfel-Mango-Smoothie mit Ingwer

Du benötigst:

2 große Möhren
1 Stück Kürbis, Größe ca. wie die Möhre
1 Knolle Rote Bete, frisch oder vorgekocht
½ Gurke
2 Äpfel
½ Mango, ohne Kern und Schale
½ Zitrone, unbehandelt
1 Ingwerwurzel, ca. daumengroß
Nach Belieben Wasser oder Crushed -Eis
Nach Belieben Pflanzenöl

Zubereitung:

Gurke, Möhre, Rote Bete und Ingwer schälen, waschen und in Stücke schneiden. Den Kürbis ebenfalls schälen, waschen und in Stücke schneiden. Äpfel waschen, Kerngehäuse entfernen und in Stücke schneiden. Zitrone heiß abwaschen, Schale mit Sparschäler abschälen und Zitronenhälfte auspressen. Alle Zutaten in den Mixer geben und pürieren. Nach Belieben kaltes Wasser zufügen.

Chakra-Tipp:
Wusstest du, dass Matcha 137 Mal mehr Antioxidantien haben soll als herkömmlicher grüner Tee?

Matcha Latte

Du benötigst:

½ TL Matcha Tee Pulver
50 ml heißes Wasser
200 ml aufgeschäumte Hafermilch

Zubereitung:

Matcha in eine kleine Schale geben und mit 50 ml heißem Wasser verrühren. Die Flüssigkeit in ein Glas oder Becher füllen, anschließend die aufgeschäumte Hafermilch hinzugeben. Matcha Latte nach Belieben mit Agavendicksaft süßen.

Das Kronen-Chakra
Das Kronenchakra bildet den Zugang zu all dem im Leben, das als schwer zu verstehen empfunden wird. Personen mit einem geöffneten Kronenchakra zeichnen sich durch eine hohe Toleranz aus. Andere werden nicht bewertet und verbessert. Ein Verständnis darüber, warum die Dinge so sind wie sie sind, tritt ein. Durch das geöffnete Kronen-Chakra kann die erstrebte Erleuchtung erreicht werden.

Im Alltag etwas für das Kronen-Chakra tun
Im Alltag lässt sich das Kronen-Chakra unter anderem durch das Singen im Chor und spirituelle Handlungen unterstützen. Es kann auch durch Meditation, Yoga und Tai Chi gestärkt werden.

Süßes zum Schlemmen

Nachdem wir uns auf das Chakra-Food eingelassen haben, ist unser Verlangen nach Süßigkeiten gesunken. Wenn wir dennoch etwas Süßes essen wollen, bleiben wir auch hier unserem Plan treu: Möglichst natürliche Zutaten und leichte Rezepte zum Selbermachen!

Vegane Waffeln

Unsere angegebenen Mengen reichen für ca. 20 Stück

Du benötigst:

250 g Mehl
250 g Vollkornmehl
125 g Rohrzucker
25 g Rohrzucker (Vollrohrzucker) für die Farbe
2 EL Backpulver
1 TL Salz
3 EL Öl
500 ml Sojamilch oder Reisdrink mit Vanillegeschmack
100 ml Mineralwasser
etwas Kokosfett für das Waffeleisen

Zubereitung:

Die trockenen Zutaten in eine Schüssel geben und vermengen. Dann das Öl, die Sojamilch oder Reisdrink und das Mineralwasser hinzufügen und alles zu einem glatten Teig verrühren. Nun den Waffelteig portionsweise in ein gefettetes erhitztes Waffeleisen geben und ausbacken.

Veganes Tiramisu

Diese kleine Kalorienbombe ist so lecker!

Du benötigst:

Für den Teig:

120 g Mehl
80 g Würfelzucker
3 EL Sonnenblumenöl
125 ml Wasser
2 TL Backpulver

Für die Creme:

250 ml Sojasahne oder Hafersahne
150 ml Wasser
80 g Zucker
50 g Grieß
1 Zitrone (Schale wird benötigt)
1 Pck. Vanillezucker
1 TL Zimt
2 EL Amaretto
1 Prise Salz
100 g Kokosfett (weich)

Außerdem:

300 ml kalter Kaffee, stark
50 ml Amaretto

Zubereitung:

Für den Teig:

Mehl, Zucker, Öl, Wasser und Backpulver mit dem Handrührgerät verrühren und die Masse auf ein mit Backpapier ausgelegtes Backblech streichen. Dann bei 180°C ca. 20 Min backen und auskühlen lassen. In Stücke mit der Größe eines Löffelbiskuits schneiden.

Für die Creme:

Sahne, Wasser, Zucker und Grieß in einen Topf geben und unter Rühren aufkochen. 3 Minuten köcheln lassen. Vom Herd nehmen und beständig weiter rühren, damit es nicht klumpt. Nun die Zitronenschale, Vanillezucker, Zimt, zwei EL Amaretto und Salz hinzugeben und ordentlich verrühren. Anschließend die Masse eine Stunde in den Kühlschrank stellen. Währenddessen alle 10 Minuten umrühren.

Zum Schluss die Kokoscreme hinzufügen und rühren, bis eine cremige Masse entstanden ist. Den Kaffee mit dem Amaretto mischen und in eine flache Schale geben. Darin die Biskuitstreifen eintunken und auf den Boden einer kleineren Form (ca. 20 x 20 cm) schichten. Darüber die Hälfte der Creme geben, dann wieder eine Lage Biskuit und zum Schluss wieder Creme. Mit Kakaopulver bestäuben und fünf Stunden in den Kühlschrank stellen.

Banane-Kokos-Schokolade

Gesünder naschen kannst du mit selbstgemachter Schokolade.

Du benötigst:

6 Bananen, sehr reif

400 ml Kokosmilch

1 EL Kokosflocken

100 g Schokolade, dunkle (vegane)

Zubereitung:

Die reifen Bananen schälen und mit der Gabel zerdrücken. Kokosmilch nach und nach unter das Bananenmus mischen. Achte darauf, dass es nicht zu flüssig wird. Die Schokolade im Wasserbad schmelzen und dann dünn über das Mus gegeben. Nach zwei Minuten härtet die Schokolade aus. Mit Kokosflocken bestreuen.

Lebensmittel für die einzelnen Chakras

Es gibt verschiedene Möglichkeiten, die Nahrungsmittel den Chakras zuzuordnen. Wir haben drei Gedanken, denen wir bei der Auswahl der Nahrungsmittel für die Chakras folgen: Kräuter, Farben und Beziehungen zwischen Chakras und Lebensmitteln.

Chakra-Kräuterecke

1. Chakra	Baldrian, Lindenblüten, Holunder, Ingwer, Kalmus
2. Chakra	Brennnessel, Petersilie, Vanille, Pfeffer, Passionsblume, Rose, Beifuß, Schachtelhalm, Zimt, Estragon, Basilikum, Brennnessel, Schlüsselblume, Eisenkraut
3. Chakra	Fenchel, Kamille, Wacholder, Kardamom, Anis, Fingerkraut, Hamamelis, Frauenmantel, Pfefferminze, Rotklee, Brennnessel, Thymian
4. Chakra	Weißdorn, Thymian, Melisse, Majoran, Brennnessel, Rose, Vanille, Lavendel, Johanniskraut, Rosmarin, Myrrhe, Wacholder, Wermut, Eisenkraut
5. Chakra	Pfefferminze, Salbei, Huflattich, Anis, Gewürznelke, Bohnenkraut, Eisenkraut, Dill
6. Chakra	Johanniskraut, Fichte, Augentrost, Kurkuma, Lorbeer, Beifuß
7. Chakra	Weihrauch

Kunterbunt: Farbenfrohe Nahrung für die Chakras

Ein erster Hinweis für welches Energiezentrum sich ein Nahrungsmittel eignet, bietet die Farbe. Die natürliche Farbe des Lebensmittels zeigt dir an, welches Chakra auf energetischer Ebene angesprochen wird.

Wurzel- oder Basischakra:
Vitales Rot voller Kraft

Sakral- oder Sexualchakra:
Lebensfrohes Orange für sinnliche Freuden

Solarplexus-Chakra:
Strahlendes Gelb zeigt Optimismus

Herz-Chakra:
Hoffnungsvolles Grün in der Liebe

Hals-Chakra:
Harmonisches Hellblau für die Kommunikation

Stirn-Chakra oder Drittes Auge:
Beruhigendes Indigoblau

Kronen-Chakra:
Geheimnisvolles Violett verbindet Körper und Geist

Beziehung von Speisen und Chakra

Basis-Chakra	Kraft und Erdung	Proteine, Wurzeln, Wurzelgemüse, Hülsenfrüchte, Saaten
Sexual-Chakra	Gefühle und Sensibilität	Flüssigkeiten und generell entschlackende Kost
Solarplexus-Chakra	Willenskraft und Vitalenergie	Stoffwechselanregende Nahrungsmittel und Körner, Getreide und Samen
Herz-Chakra	Liebe und Wärme	Gemüse sanft zubereitet
Hals-Chakra	Kommunikation und Kreativität	Früchte und reinigende Nahrungsmittel
Stirn-Chakra	Verstehen und Intuition	Fasten und Tee, Gewürze
Kronen-Chakra	Erleuchtung und Göttlichkeit	frische Luft und Bewegung

Harmonie

Energiearbeit zur Auflösung von Stress

Schnelllebigkeit, Hektik und Erfolgsdruck lösen bei vielen Menschen Stress aus. Die Konsumgesellschaft, die mit einer schwindenden Werthaltigkeit einhergeht, schlägt sich auf die Seele nieder. Aus diesem Grund ist es besonders wichtig, sich Zeit zu nehmen und achtsam mit sich und dem Leben umzugehen. Der Fokus liegt hierbei auf einem bewussten und liebevollen Umgang mit sich – besonders im Alltag. So erhält die Zeit mehr Lebendigkeit und es werden Kräfte entwickelt, die helfen, den Anforderungen des Lebens gewachsen zu sein und dennoch ausgeglichen zu bleiben.

Woher kommt der Stress?

Der legendäre Yogi B. K. S. Iyengar sieht die Ursachen für den Stress der heutigen Zeit in den wirtschaftlichen Sorgen und der emotionalen Unsicherheit. Das Gefühl, nicht mehr Schritt halten zu können mit dem schnellen Leben und den vielen Entwicklungen, führt laut Iyengar zu Stress, aber auch zu Konkurrenzdenken und Neid. Diese äußert sich in Nervosität, dem Gefühl der Isolierung und der Einsamkeit. Vielfach suchen Menschen in stressreichen Situationen deswegen Linderung in Genussmitteln und Medikamenten oder entwickeln selbstzerstörerische psychische Erkrankungen. Diese bieten kurzfristig Ablenkung, die Ursache der Unzufriedenheit können sie jedoch nicht auflösen (Iyengar, 2008, S. 41).

Stress in kurzen und einzelnen Situationen ist nicht automatisch schädlich, er kann für Antrieb sorgen, doch es muss ein gesundes Gleichgewicht eingehalten werden, um Entspannung zu erreichen. Ausschlaggebend für Stress können neben den äußeren Einflussfaktoren jedoch auch innere Komponenten sein, wie beispielsweise bestimmte Denkmuster und Verhaltensweisen. Sie zeigen sich unter anderem in einem starken Perfektionismus, in einem geringen Selbstbewusstsein oder auch durch übermäßigen Leistungswillen. Körperlich kann sich vermehrter Stress beispielsweise durch Schlafstörungen, nervöse Magen-Darm-Beschwerden, Herz-Kreislauf-Erkrankungen oder Tinnitus ausdrücken. Die Angst vor möglicher sozialer Bewertung, eine innere Ambivalenz, Frustration und Unvorhersehbarkeit können weitere stressauslösende Faktoren sein (Petermann, 2009, S. 167).

Gedankenkraft: Entspannen und stärken für das Wohlbefinden

Die Kraft der Gedanken spielt eine herausragende Rolle in der Energiearbeit. Besonders bekannt ist die Wirkung der eigenen Vorstellungskraft im Bereich der Selbstheilung. Für die Energiearbeit mit der Gedankenkraft spielt die innere Einstellung ebenso eine Rolle wie die körpereigenen Mechanismen - ein ganzheitlicher Ansatz, der Seele, Geist und physischen Körper als Einheit versteht. Im gesundheitlichen Status Quo einer Person kann sich zeigen, inwieweit diese mit dem Kosmos in Harmonie schwingt. Alle Gedanken, sowohl die vergangenen als auch die aktuellen, hinterlassen ihre Spuren (Achterberg, 1989, S. 9f).

Wie funktioniert die Energiearbeit über Gedankenkraft?

Gedanken nehmen einen maßgeblichen Einfluss auf die Gefühle und die Sicht einer Person auf die Ereignisse im Leben. Dies ist die Basis für die weiteren Erfahrungen im Leben eines Menschen. Auf diese Weise bestimmt die Beschaffenheit der Gedanken maßgeblich die Zukunft einer Person. Die Arbeit mit der Gedankenkraft kann als eine Art Kommunikation verstanden werden. Sie vermittelt zwischen den Emotionen, dem physischen Körper und der Wahrnehmung. Für die Gedankenkraft wird mit allen Sinnen gearbeitet. Obwohl sich das Bild zunächst nur in unseren Gedanken ausbildet, löst es dennoch biochemische Vorgänge aus, die auch auf den Körper wirken. Diese Vorgänge sorgen für die einflussreiche Wirkung der Gedankenkraft (Achterberg, 1989, S. 7). Gedanken sind permanent vorhanden und fließen. Diese zu beobachten und sich bewusst zu machen, ist der erste Schritt in der Wandlung der Gedanken. In einem weiteren Schritt können die Gedanken mit Liebe und Dankbarkeit gefüllt werden. In der Gedankenkraft kommuniziert eine Person durch die inneren Bilder mit dem eigenen Körper. Diese Art der Kommunikation macht sich die Nervenbahnen als Informationsübermittler zunutze. Auf diese Weise können die Energien der eigenen Vorstellungskraft vom inneren Bild zu den einzelnen Bestandteilen der physischen Körpers geleitet werden (Achterberg, 1989, S. 10).

Positive Gedanken erschaffen

Es ist eine verbreitete Neigung, den Fokus im Leben auf die Dinge zu legen, die fehlen oder die vermisst werden. Auch Ängste und Sorgen stehen oftmals im Zentrum der Gedanken und Gefühle. Ein bekanntes Mittel, um Gesundheit und Glück zu erreichen, sind jedoch positive Gedanken. Optimisten können mehr aus ihrem Leben ziehen, fühlen sich besser und haben oftmals auch bessere Beziehungen zu anderen Menschen. Dennoch darf das positive Denken nicht dogmatisch erzwungen und Gefühle oder Probleme unterdrückt werden. Vielmehr ist der gelöste und freie Umgang mit den Schwierigkeiten des Lebens gefragt. So ist das positive Denken eine sehr persönliche und individuelle Art, das eigene Befinden zu verbessern (Horn, 2015, S. 65ff). Im Mittelpunkt steht hier vor allem die Selbstliebe, die nicht mit Überheblichkeit zu verwechseln ist. Die Liebe zu sich selbst hilft, das eigene Innere wahrzunehmen und sowohl das Leben als auch sich selbst zu bejahen.

Einfache Übung für positive Gedanken von Linda

Um die Kraft deiner positiven Gedanken erwachsen zu lassen, ist es nicht nötig, neue Gedanken entstehen zu lassen. Vielmehr ist es sinnvoll, die Gedanken auf das zu richten, was im Hier und Jetzt passiert. Lasse dich voll auf das ein, was du tust – auch bei der Erledigung von Alltagsdingen. Bewerte es nicht, sondern suche das Schöne in der Situation und in dem, was dich umgibt. Sei aufmerksam und bewusst, übe dich in Achtsamkeit und Dankbarkeit. So erreichst du Bewertungsfreiheit, die dich zu einem besseren Lebensgefühl und Wohlbefinden führen kann.

5-Minuten-Gedankenkraft

Diese Übung kannst du ganz einfach morgens vor dem Aufstehen durchführen, du benötigst keine Hilfsmittel.

1. Bleibe morgens ein paar Minuten im Bett liegen
   Bevor du morgens in den Tag startest und so richtig wach wirst, schließe deine Augen für weitere fünf Minuten. Betrachte diese kleine Zeit als dein Geschenk für dich.
2. Lasse deinen Atem fließen
   Konzentriere dich mit geschlossenen Augen auf den Fluss deines Atems. Lasse ihn einfach frei fließen, ohne ihn zu beeinflussen.
3. Genieße deine positiven Gedanken
   Beginne nun positive Gedanken zu beobachten – schön, liebevoll und dankbar. Genieße das Hier und Jetzt. Wenn du deine Augen öffnest, beginne deinen Tag entspannt und nimm das friedvolle Gefühl deiner positiven Gedanken mit in den Tag.

Tagebuch für mehr Dankbarkeit

Oftmals erscheint es uns, als ob wir nicht viel hätten, für das wir dankbar sein können. Finanzielle Nöte, gesundheitliche Probleme oder Sorgen um das Wohl der Familie vereinnahmen unsere Gedanken. Es ist jedoch immer möglich, etwas im eigenen Leben zu finden, für das es sich lohnt, dankbar zu sein. Auf dem Weg zur Wunscherfüllung spielt gerade die Dankbarkeit eine herausragende Rolle, denn wer dankbar ist, zieht weitere Dinge an, für die er dankbar sein darf.

- Lege dein persönliches Danke-Buch an
  Wähle ein Heftchen oder Buch aus, in das du für die nächsten einundzwanzig Tage jeden Tag deine Dankbarkeit schreibst.
- Schreibe jeden Tag deine Dankbarkeit nieder
  An jedem Tag schreibst du abends zehn Dinge auf, für die du an diesem Tag dankbar gewesen bist. Um Dankbarkeit zu entwickeln, kannst du ganz klein starten. Sei dankbar beispielsweise für die Liebe deines Hundes oder deiner Katze, für eine schmackhafte Mahlzeit, ein neues Kleid oder ein freundliches Lächeln der Bäckerin. Beziehe auch Dinge in deine Dankbarkeit mit ein, die dir bis jetzt als selbstverständlich erschienen, wie deine Wohnung oder eine tolle Eigenschaft von dir.
- Genieße die positive Kraft deiner Gedanken
  Im Laufe der Zeit lernst du, mehr auf die kleinen Dinge des Lebens zu achten und für diese dankbar zu sein. Ein höheres Maß an Dankbarkeit sorgt nicht nur für mehr Achtsamkeit, sondern besitzt auch eine große positive Energie. Nach einer Weile kann das tägliche Niederschreiben der Dinge, für die du dankbar bist, ein bewussteres Leben ermöglichen und dir zeigen, was du bereits alles dein Eigen nennen kannst. Auf diese Weise können deine Gedanken auf neuen Gleisen fahren und positive Kräfte freisetzen, die weitere Dinge in deinem Leben anziehen für die du dankbar sein kannst.

Atmung für die Energiearbeit: Frei und gelöst zur Entspannung

Die Atmung versorgt uns mit Lebensenergie, dem *Prana*, und repräsentiert deren Fluss. Er beginnt mit dem Einatmen und dem Aufnehmen der Energie durch die Ausdehnung des Brustkorbes. Von hier aus werden die Energie und der frische Sauerstoff durch die Energiekanäle und die Adern im Körper verteilt. Negative Energien und Kohlenstoffdioxid können mit dem Ausatmen dann aus dem Körper fließen. So gehört die Atmung nicht nur zum physischen Körper, sondern vor allem zum immateriellen und feinstofflichen Körper einer Person. B. K. S Iyengar empfiehlt, basierend auf den alten Yoga-Lehren, den Atem mit dem Geist und der Lebensenergie zu verbinden. Die Atemübungen werden auch *Pranayama* genannt. Durch sie wird beim Einatmen die Lebensenergie (das *Prana*) gespeichert und verteilt (*ayama*) (Iyengar, 2008, S. 54 und 252).

Welche Rolle spielt die Atmung?

Die Atemübungen sind ein jahrhundertealtes Hilfsmittel, um die innere Haltung zu stabilisieren. Ohne eine lockere und gelöste Atmung ist eine wahre Entspannung nicht möglich. Sie wird als ganzheitliches Zusammenspiel zwischen Körper und Seele verstanden. Im Hinduismus wird davon ausgegangen, dass mit der Atmung nicht nur Sauerstoff, sondern auch Lebensenergie aufgenommen wird. Die enge Verbindung von Atmung zu Körper und Seele zeigt sich durch die schnelle Atemfrequenz beispielsweise bei Aufregung und Wut. Eine ruhige und tiefe Atmung hingegen setzt bei Entspannung ein und ist mit Zorn und nervöser Spannung nicht vereinbar. Diese harmonische Atmung kann zu einem harmonischen Denken beitragen (Wunderli, 1972, S. 23f). Durch Atemübungen kann ein ruhiges und gelöstes Atmen erreicht werden. Ein willentliches „Erzwingen“ ist hingegen nicht sinnvoll. Das Ziel ist eine vollkommen entspannte und natürliche Atmung (Wunderli, 1972, S. 31ff). Ein zu tiefes, angestrengtes Atmen würde die Gesichtsmuskulatur und die Kopfhaut anspannen sowie die Lungenfasern verhärten und somit den Fluss der Atemenergie behindern (Iyengar, 2008, S. 54).

Atemübungen für das Wohlbefinden

Geist und Atem sind Gefährten. Wo der Atem hinfließt, folgt der Geist. Andersherum folgt der Atem einem aktiven Geist. Zudem schafft der Atem Kontakt zur Seele und vereint sie mit dem Körper. Auf diese Weise können die Atemübungen durch Bewusstsein und Erkenntnis auf den Pfad der Liebe, im Indischen *Bhakti Marga* genannt, führen. Die Atemübungen liegen auf dem Weg zur Meditation und Spiritualität (Iyengar, 2008, S. 252f). Während der Übungen stellt sich ein Gefühl der Entspannung ein, so dass der Geist ruhiger und ausgeglichener werden kann. Der Übende fühlt sich wacher, aktiver und kann sich besser konzentrieren.

Einfache Atemübungen

Die bewusste und achtsame Arbeit mit der Atmung kann uns zu mehr Wohlbefinden verhelfen. Mit ein paar einfachen Übungen kannst du einen leichten Einstieg in die Arbeit mit dem Atem finden. Personen, die Erkrankungen der Bronchien oder Lunge haben, sollten Atemübungen zuvor mit ihrem Arzt absprechen. Gleiches gilt für Personen mit Herzerkrankungen.

Atmen genießen und Energie empfangen

- Wähle für diese einfache Atemübung eine angenehme Sitzposition.
- Lasse deinen Atem sachte ein und ausströmen. Beobachte den Fluss der Luft ohne ihn zu beeinflussen.
- Spüre bewusst nach, wie die Luft in deine Lungen strömt und diese mit sanfter Kraft ausdehnt.
- Stelle dir vor, wie du durch die Luft kraftspendende Lebensenergie einatmest, die über die Lungen durch deinen gesamten Körper fließt.
- Lasse die Luft beim Ausatmen langsam ausströmen und genieße die empfangene Energie.

Entspannung finden durch die Bauchatmung

- Wähle auch für diese Übung eine angenehme Sitzposition.
- Lege die Hände auf deinen Unterbauch, so dass sie ein Dreieck bilden und die Zeigefinger sich unter dem Bauchnabel berühren.
- Lasse die Schultern locker hinabhängen.
- Lenke die Luft beim Einatmen in deinen unteren Bauch zu deinen Händen und spüre, wie sie sich sanft heben.
- Lasse die Luft ruhig und gleichmäßig wieder ausströmen. Spüre unter deinen Händen, wie dein Bauch sich senkt.

Die Bauchatmung ist eine tiefe Atmung, die zur Entspannung führt und zur Beruhigung in Stresssituationen eingesetzt werden kann. Sie sorgt besonders in stressbehafteten Momenten für mehr Sauerstoff im Blut und wirkt der flachen, schnellen Atmung entgegen.

Meditation für die Chakras

Der Einklang von Geist und Körper führt zur Erkenntnis des inneren Selbst. Das Erkennen von Sinn und Bedeutung der Stille, die nicht mit Leere gleichzusetzen ist, bildet die Basis für die körperliche und seelische Gesundheit. Die Stille in der Meditation gilt als schöpferische Quelle des Lebens. Sie lässt nicht nur den Körper, sondern auch Willen und Verstand zur Ruhe kommen. So kann sich der Geist ohne Ablenkungen von außen auf das Selbst und die Wurzeln konzentrieren. Die Konzentration wiederum ist eines der wichtigsten Geheimnisse, um den von Informationen und Tätigkeiten überfluteten Alltag zu bewältigen und zum „Ganz-Dasein" zu kommen (Wunderli, 1972, S. 66ff). Dieser Ort wacher und stiller Präsenz liegt in einer Person und kann durch kontinuierliche Achtsamkeit und Meditation gefunden werden. Prof. Dr. Kabat-Zinn und Kesper-Grossmann bezeichnen die Meditation als „Maßnahme, bei der man den Fluss der Zeit verlässt und die zeitlose Gegenwart betritt" (Kabat-Zinn & Kesper-Grossmann, 2004, S. 6 und 10).

Das Leben bejahen und im Moment sein durch Meditation

Sein ist wichtiger als Tun – das wird durch die Meditation verdeutlicht. Die Achtsamkeit für den Moment ist bejahend ohne Widerspruch. Wahrnehmen und so annehmen wie es ist, ohne Interpretationen und Vorstellungen, stehen beim bewussten Innehalten im Mittelpunkt (Kabat-Zinn & Kesper-Grossmann, 2004, S. 10f). Das Nicht-Beurteilen von Emotionen und Situationen, die Geduld und das Vertrauen sowie die Akzeptanz und das Loslassen bilden die Basis in der Stressbewältigung durch Achtsamkeit (Petermann, 2009, S. 135). Studien haben ergeben, dass eine positivere Gefühlswelt, eine verbesserte Immunreaktion und die Aktivierung von Gehirnregionen, die für die Regulation des autonomen Nervensystems verantwortlich sind, durch die regelmäßige Meditation erreicht werden können (Petermann, 2009, S. 140). Dieses Zusammenspiel aus Ganglien und Nervenzellen kann sonst im Allgemeinen nicht durch den Willen oder das Bewusstsein angesteuert und kontrolliert werden. Es regelt Vitalfunktionen wie die Atmung, die Verdauung und den Stoffwechsel (Pschyrembel, 1998, S. 1101).

Wie kann Meditation helfen?

Entspannungsreaktionen zeigen sich auf der körperlichen Ebene beispielsweise durch eine verringerte Anspannung der Skelettmuskulatur, eine Senkung des arteriellen Blutdruckes und durch die Gleichmäßigkeit von Atemzyklen (Petermann, 2009, S. 19). Besonders die Chakra-Meditation ermöglicht einen ungestörten Energiefluss, kann die Selbsterfahrung fördern und das Erleben einer Ganzheitlichkeit unterstützen (Brenner, 2004, S. 115).

Grundlagen der Meditation

Meditation: alleine oder gemeinsam?

Stille und Hingabe in der Meditation können alleine oder gemeinsam erreicht werden. Alleinsein ist für die Meditation nicht nötig. Im Gegenteil, wenn die Meditierenden mit gleicher Intensität arbeiten, kann dies besonders erfüllend sein (Wunderli, 1972, S. 72f). Es kann zudem als unterstützend empfunden werden, nach der Meditation mit einer Person über das Erlebte zu sprechen. Mitunter können traumähnliche Sequenzen auftreten, die dann gemeinsam betrachtet werden können (Petermann, 2009, S. 34).

Der Ort für die Meditation

Welcher Ort der beste zum Meditieren ist, ist eine sehr persönliche und individuelle Entscheidung. Im Allgemeinen ist es hilfreich, für die Meditation immer den gleichen Platz zu wählen. Dieser sollte ein Rückzugsort ohne Störungen sein, an dem man Ruhe finden kann. Kerzen, Räucherstäbchen und weitere spezielle Energie-Werkzeuge können helfen. Die Meditation kann in den eigenen vier Wänden ebenso stattfinden wie draußen in der Natur

(Wunderli, 1972, S. 72). Besonders zu Beginn einer Meditation spielen die Ruhe und eine reizarme Umgebung eine wichtige Rolle. Aufschrecken durch unvorhergesehene Geräusche sollte vermieden werden (Petermann, 2009, S. 33).

Ein guter Zeitpunkt für die Meditation

Ein guter Zeitpunkt für die Meditation ist der frühe Morgen oder die Zeit kurz vor dem Schlafengehen. Bedeutsam ist vor allem, dass eine bestimmte Uhrzeit für die tägliche Meditation eingehalten wird und eine Regelmäßigkeit einkehrt (Wunderli, 1972, S. 73). Wichtig bei der Wahl des Zeitpunktes: Für die Meditation steht die Entspannung im Fokus, da hier gezielt etwas erlernt werden kann. Ist der Meditierende sehr müde oder erschöpft, kann es sein, dass die Meditation in Schlaf übergleitet – in diesem Fall sollte künftig ein anderer Zeitpunkt für die Meditationsübungen gewählt werden (Petermann, 2009, S. 33).

Wie lange und wie oft wird meditiert?

Um die Entspannungsreaktion zu stabilisieren, wirkt ein regelmäßiges Üben unter gleichbleibenden Bedingungen unterstützend (Petermann, 2009, S. 33). Besonders hilfreich ist es, sich die Meditation zu einer täglichen Gewohnheit zu machen. Die Dauer der einzelnen Einheiten sollte vor allem zu Beginn nicht zu lang sein. Die Basis bildet täglich eine 20-minütige Meditation (Wunderli, 1972, S. 73f).

Was tun, wenn Achtsamkeit und Konzentration schwerfallen?

Zu Beginn kann es schwierig sein, die eigene Aufmerksamkeit und Konzentration vom Alltag zu lösen. Hier ist vor allem Geduld gefragt. Manchen Meditierenden hilft das Betrachten bestimmter Objekte, wie beispielsweise Yantras und Mantras oder einer Kerzenflamme. Gedanken, die aufkommen – manchmal können diese in der Stille der Meditation sogar regelrecht einstürmen –, werden zugelassen und beobachtet, auch wenn es sich um „schlechte" Gedanken handelt. Woher diese Gedanken kommen und warum sie aufkommen, ist nicht von Bedeutung, sie dürfen frei fließen (Wunderli, 1972, S. 74ff). Beim Betrachten von Objekten bleiben die Augen ruhig auf einen Punkt fokussiert, und es wird so selten wie möglich geblinzelt (Brenner, 2004, S. 44). Störende Reize wie Blasendruck oder unangenehme enge Kleidung sollten ebenfalls vermieden werden, da sie Unruhe auslösen können (Petermann, 2009, S. 20).

Eine bequeme und feste Sitzhaltung wählen

Die Sitzhaltung spielt für die Meditation eine wichtige Rolle und sollte sowohl fest als auch bequem sein. Unruhe durch unbequeme Sitzpositionen stört die für die Meditation nötige stille Einkehr. Gewählt werden können beispielsweise der Lotossitz oder der Schneidersitz, aber auch das Sitzen auf einem Stuhl ist möglich (Wunderli, 1972, S. 61ff). Sitzpositionen, in denen man sich nicht wohl fühlt, sollten geändert werden. Oftmals kann bereits eine gefaltete Decke oder ein Kissen unter dem Gesäß das Sitzgefühl verbessern (Brenner, 2004, S. 40). Durch eine ruhige und beständige Sitzposition kann das Stützgerüst für die innere Arbeit geboten werden. Es kann hilfreich sein, die eigene Sitzposition durch die Vorstellungskraft zu stärken. Eine Möglichkeit ist die Vorstellung eines Berges, der stabil und verweilend in seiner Position ist – ebenso wie der Meditierende (Kabat-Zinn & Kesper-Grossmann, 2004, S. 14f).

Meditationsübungen und Chakra-Arbeit

Einfach da sein, ohne etwas erreichen zu wollen. Sich tragen und führen lassen – diese Gefühle begleiten die Meditation (Wunderli, 1972, S. 74). Durch die Meditation erhält das Leben die Möglichkeit, von Augenblick zu Augenblick im „Jetzt" zu erblühen. Ein waches Bewusstsein und Präsenz stehen im Fokus dieses Momentes (Kabat-Zinn & Kesper-Grossmann, 2004, S. 10). Auf diese Weise kann eine Stille entstehen, die frei von Ballast ist. Achtsamkeit und wohltuender Gleichmut treten ein (Brenner, 2004, S. 79). Im Laufe der Chakra-Meditation kann das Gefühl entstehen, dass es an einer Stelle nicht weitergeht oder ein Sich-Einlassen nicht möglich ist. An dem entsprechenden Energiezentrum können Störungen und Blockaden vorliegen. Dann kann die Chakra-Meditation sanft und einfühlsam regelmäßig wiederholt werden (Brenner, 2004, S. 117).

Visualisierung: Achtsame Arbeit mit den Chakras

Die Visualisierung steht in enger Verbindung mit Techniken wie dem Autogenen Training. Durch die Visualisierung kann ein Zustand erreicht werden, der der Meditation ähnlich ist. Es handelt sich jedoch eher um eine gesteuerte Vorstellung (Achterberg, 1989, S. 120f). Der Abbildungsbereich für die inneren Bilder liegt im sogenannten „Dritten Auge" zwischen und etwas oberhalb der Augenbrauen im Inneren des Kopfes. Durch die enge Verbindung des Bildes im „Dritten Auge" mit dem Innenleben des Visualisierenden können mitunter sehr klare und vor allem persönlichkeitsnahe Motive entstehen (Brenner, 2004, S. 44).

Die Kraft der inneren Bilder

Die Arbeit mit der Visualisierung ist unter anderem im Bereich des Leistungssports sehr verbreitet. Innere Bilder können helfen, Ängste und Selbstzweifel zu überwinden und physische und geistige Ressourcen zu aktivieren (Achterberg, 1989, S. 150ff). Visualisierungen in geführten Traumreisen können beispielsweise dabei unterstützen, Blockaden und Schwierigkeiten im Leben zu lösen und eine positive Lebenseinstellung zu entwickeln (Horn, 2015, S. 79).

Einfache Übungen zur Visualisierung von Linda

Bei der Visualisierung geht es um die Kraft deiner bildlichen Vorstellungen. Wenn du dir etwas vorstellst und dich hineinfühlst, schickst du Achtsamkeit und damit kraftvolle Energie in dieses Bild. So kann über die gezielte Visualisierung die Erfüllung deiner Wünsche unterstützt werden.

Basisübung zur Visualisierung

- Schaffe Ruhe
  Für alle Visualisierungsübungen solltest du dir Zeit und Ruhe nehmen. Wähle einen Zeitpunkt, an dem du dich entspannt fühlst und deine Aufmerksamkeit ganz auf die Übung richten kannst.
- Wähle ein Objekt aus
  Suche dir ein Objekt im Raum aus oder bringe dir etwas aus der Natur mit, das dich anspricht, wie beispielsweise eine Kastanie.
- Betrachte das Objekt
  Betrachte das Objekt genau. Nimm es in die Hand, rieche daran, spüre seine Oberfläche und sein Gewicht. Lasse beispielsweise die Kastanie in deiner Hand kreisen und betrachte ihre Farbwechsel im Licht.
- Visualisiere dein Objekt
  Lege dein Objekt beiseite und schließe die Augen. Versuche, dich an die Details deines gewählten Gegenstandes zu erinnern, bis sich ein immer detailgetreueres Bild des Objektes vor deinem inneren Auge entwickelt. Achte dabei beispielsweise auf Geruch und Farbspiel, Oberfläche und Gewicht.

Chakra-Meditation mit Visualisierung für Einsteiger von Linda

Um einen sanften Einstieg in die Energiearbeit mit den Chakras zu finden, kannst du eine Chakra-Meditation mit Visualisierung ausprobieren. Sie kann dir zunächst ermöglichen, zur Ruhe zu kommen und Achtsamkeit auf deine Chakras zu lenken. Diese Achtsamkeit bildet die Basis für die weitere und gezielte Energiearbeit mit den Energiezentren. Lenkst du deine Achtsamkeit und somit deine Energie in deine Chakras, können sie geöffnet, aktiviert und in Balance gebracht werden. Konzentriere dich dabei auf gute und stärkende Gefühle. Immer, wenn dir danach ist, kannst du dann auf diese zurückgreifen, dich daran erinnern und sie genießen.

Starte deine Chakra-Meditation

- **Finde die Umgebung für deine Chakra-Meditation**
  Bevor du mit der Chakra-Meditation startest, richte dich wie im Abschnitt „Grundlagen der Meditation" beschrieben ein. Du kannst Hilfsmittel deiner Wahl hinzuziehen. Nimm abschließend eine bequeme Position ein und beginne mit deiner Chakra-Meditation.
- **Beobachte deinen Atem**
  Lasse deinen Atem entspannt ein- und ausfließen. Beobachte achtsam, wie die Luft ruhig einströmt und wieder hinaus fließt. Genieße die gelöste Achtsamkeit auf deine Atmung und werde dir des Wunderwerkes dieses so selbstverständlichen Ablaufes bewusst.
- **Komme zur Ruhe**
  Nach einer Weile kannst du spüren, wie du zur Ruhe kommst. Genieße, wie der Stress und die Anspannung des Alltages einer angenehmen Entspannung weichen. Du fühlst dich angekommen in diesem Augenblick.
- **Widme dich der Dankbarkeit**
  In der Ruhe des Moments findest du Zeit, dankbar zu sein. Erinnere dich an gute Dinge, die du besitzt oder die dir an diesem Tag geschehen sind. Lege

auch Wert auf die Kleinigkeiten und Dinge, die du für selbstverständlich hältst. Wende deinen inneren Blick auf die positiven Dinge in deinem Leben, die bereits zu dir gehören.

- **Spüre die Liebe zum Leben**
  Durch die Dankbarkeit hast du die Möglichkeit, die Liebe für dein Leben neu zu entdecken und weiterzuentwickeln. Dieses kraftvolle Gefühl gibt dir Raum, dich deinen Wünschen zu öffnen und diese Teil deiner Chakra-Meditation werden zu lassen. Frage dich: Was würde dir Freude machen? Was möchtest du zum Gelingen bringen? Genieße noch einige Male die Achtsamkeit auf deinen Atem.
- **Sei achtsam für dein Wurzel-Chakra**
  Spüre den Sitz des Wurzel-Chakras in deinem Beckenboden. Stelle dir das Energiezentrum mit seiner Farbe Rot vor. Schicke in Gedanken Dankbarkeit an das Basis-Chakra, das dir deinen Lebenswillen und deinen Mut schenkt.
- **Beobachte dein Sakral-Chakra bewusst**
  Wandere mit deiner Achtsamkeit nun zum Sakral-Chakra unterhalb deines Bauchnabels und visualisiere es mit der dazugehörigen Farbe Orange. Sei dankbar für die sinnlichen und kreativen Erfahrungen, die das zweite Chakra dir ermöglicht.
- **Danke deinem Solarplexus-Chakra**
  Lenke nun deine Aufmerksamkeit auf das Solarplexus-Chakra über deinem Bauchnabel. Es strahlt in der Farbe Sonnengelb. Übe dich in Dankbarkeit für deinen Willen, die Inspiration und dein Bauchgefühl.
- **Wandere zu deinem Herz-Chakra**
  Lasse deine Achtsamkeit aufsteigen zu deinem Herz-Chakra in der Mitte deiner Brust. Lasse in deinen Gedanken die leuchtende Farbe Grün erscheinen. Spüre, wie sich dein Herz-Chakra öffnet und weitet. Fühle dich dankbar für die bedingungslose Liebe zu dir und dem Leben selbst.
- **Sei achtsam für dein Hals-Chakra**
  Spüre nun dein Hals-Chakra und visualisiere es mit der luftigen und leichten Farbe Hellblau. Schicke Dankbarkeit in dieses Energiezentrum, dass es dir die Kraft liefert, um herauszufinden, wer du wirklich bist.

- **Sieh dein Stirn-Chakra bewusst**
  Wandere dann mit deiner Achtsamkeit weiter hinauf zum Stirn-Chakra oder dem „Dritten Auge“, das zwischen den Augenbrauen auf der Stirn sitzt. Visualisiere es in der Farbe Dunkelblau. Sei dankbar dafür, dass du ein Teil des Universums und des großen Ganzen bist und dazugehörst. Spüre, wie deine Sorgen verfliegen und bedeutungslos werden, denn alles hat sein Recht, seinen Platz und seine Ordnung.
- **Wandere zu deinem Kronen-Chakra**
  Als letztes Chakra steuerst du mit deiner Achtsamkeit das Kronen-Chakra auf deinem Scheitel an. Du kannst dir dieses hohe Chakra mit der Farbe Violett vorstellen. Sei dankbar für die Anbindung an das Göttliche, die dieses spirituelle Chakra dir ermöglicht. Sei dankbar für deine ganz persönliche Spiritualität, auch wenn du sie nicht immer in voller Kraft fühlen kannst.
- **Entwickle ganzheitliche Wertschätzung**
  Schätze die Arbeit deiner Chakras, die dich in deinem Leben vielfach unterstützen und eine wichtige Rolle spielen. Sie helfen dir, deinen Weg zu gehen, deine Erfahrungen zu machen und immer wieder aufzustehen und fortzufahren. Sei ihnen dankbar für die reiche energetische Versorgung, die sie dir zuteilwerden lassen.
- **Schließe die Chakra-Meditation ab**
  Sei zufrieden mit deinem Leben und genieße das Wundervolle darin. Mit diesem tiefen Gefühl der Dankbarkeit schließe die Chakra-Meditation ab.

Wenn wir verstehen, was gesunde Ernährung mit uns macht, haben wir doppelt so viel Spaß an ihr.

Lebt gesund und fröhlich,
eure Linda und Isabell

Bildnachweis:

© Shutterstock.com:
S. 1 koyota /639418009
S. 2 Benjavisa Ruangvaree /445988092
S. 6 Sonya illustration /187176887
S. 8 Viktar Malyshchyts /232878598
S. 9 Peter Hermes Furian /174825983
S. 29 Benjavisa Ruangvaree /426023218
S. 32 Benjavisa Ruangvaree /495931795
S. 37 Natalia Klenova /90002575
S. 40 Jaroslaw Pawlak /557980264
S. 42 sarsmis /280127069
S. 44 Svetlana Mihailova /75711424
S. 46 wannasak saetia 527007181
S. 47 Olyina /58092388
S. 48 Elena Elisseeva /106968071
S. 51 verca /205255813
S. 53 Africa Studio /99144053
S. 54 Losangela /523061908
S. 58 nmedia1/08527423
S. 61 Nataliya Arzamasova /601437485
S. 62 Elena Shashkina/393942955
S. 65 SweatCream /328484756
S. 67 pearl7 /92463253
S. 68 Letterberry /221906755
S. 70 Piccia Neri /157760867
S. 72 Charlotte Lake /60177814
S. 74 cobraphotography /162413408
S. 76 Carmen Steiner /26255098
S. 78 olepeshkina /630001421
S. 80 VlasovaIana /538372132
S. 81 marco mayer /122515705
S. 81 Tiger Images /355432655
S. 84 PG Studija /605284523
S. 87 bonchan /102272803
S. 89 Fausta Lavagna /356806310
S. 91 saschanti17 /282914939
S. 94 Robyn Mackenzie /24694690
S. 95 locrifa /301063310
S. 96 Foxys Forest Manufacture /428426212
S. 97 Bernd Schmidt /308606318
S. 98 wsf-s / 235449367
S. 99 baibaz /173604563
S. 103 Natasha Breen /257577124
S. 106 nimon /351282134
S. 107 Shebeko /144435715
S. 108 Fedor_13 /305752415
S. 110 Africa Studio /104462072
S. 112 teleginatania /138329450
S. 114 Anna Shkuratova /497140183
S. 112 teleginatania /138329450
S. 118 Zolotinka /400349128
S. 122 Benjavisa Ruangvaree /614114015
S. 124 aperturesound /587947343
S. 126 fizkes /561314221
S. 130 StockLite /562723645

Seite 41, 56, 60, 66, 80, 102, 104, 105, 116, 140
©Linda Giese

Für die Quellen in diesem Buch gilt: Ich mache mir die Inhalte nicht zu eigen. Sofern sich ein Autor oder Fotograf in seinen Rechten an seinem geistigen Eigentum verletzt fühlt, bitte ich um eine Rückmeldung für eine schnelle gemeinsame Lösung.

Linda Giese

Literaturverzeichnis

Achterberg, J. (1989). *Heilung durch Gedankenkraft.* Bern, München, Wien: Scherz Verlag.

Auracacia.com. (2016). *Crown Chakra.* Abgerufen am 07. 01. 2016 von Auracacia.com Chakra Center: http://www.auracacia.com/chakras/the-seven-chakras/crown-chakra.php

auracacia.com. (2016). *Heart Chakra.* Abgerufen am 07. 01. 2016 von Auracacia Chakra Center: http://www.auracacia.com/chakras/the-seven-chakras/heart-chakra.php

Auracacia.com. (2016). *Third Eye Chakra.* Abgerufen am 07. 01. 2016 von Auracacia.com Chakra Center: http://www.auracacia.com/chakras/the-seven-chakras/third-eye-chakra.php

Beginner Books. (2015). *Chakras for Beginners.* (E-Book).

Brenner, H. (2004). *Meditation.* (H. V. GmbH, Hrsg.) Baden-Baden.

chakra.info. (2016). *Heart Chakra Healing.* Abgerufen am 07. 1. 2016 von chakra.info: http://www.chakras.info/heart-chakra/heart-chakra-healing/

chakra.info. (2016). *Opening Heart Chakra.* Abgerufen am 07. 01. 2016 von chakra.info: http://www.chakras.info/heart-chakra/opening-heart-chakra/

chakra.info. (2016). *Root Chakra Healing.* Abgerufen am 07. 01. 2016 von chakra.info: http://www.chakras.info/root-chakra/root-chakra-healing/

chakra.info. (2016). *Solarplexus Chakra Healing.* Abgerufen am 07. 01. 2016 von chakra.info: http://www.chakras.info/solar-plexus-chakra/solar-plexus-chakra-healing/

chakras.info. (2016). *Sacral Chakra Healing Course.* Abgerufen am 07. 01 2016 von chakras.info: http://www.chakras.info/sacral-chakra/sacral-chakra-healing/

Chi, A. (2014). *Chakra: Learning your energies to find balance, health and happiness.* 717 Publishing (E-Book).

Chopra, B. (19. 05 2015). *Balancing the Throat Chakra with Diet, Exercise and Lifestyle.* Abgerufen am 08. 01. 2016 von www.thechakras.org: http://www.thechakras.org/chakra-chatter/balancing-the-throat-chakra-with-diet-exercise-and-lifestyle

Giese, L. (2015). *Chakra.* Von www.Linda-Giese.de: https://www.linda-giese.de/chakra abgerufen

Giese, L. (2015). *Chakra Farben.* Von www.Linda-Giese.de: https://www.linda-giese.de/chakra/chakra-farben abgerufen.

Giese, L. (2015). *Chakra öffnen.* Von www.linda-giese.de: https://www.linda-giese.de/chakra/chakra-oeffnen abgerufen.

Giese, L. (07. 11. 2015). *Das Hals-Chakra.* Von Linda Giese Mediathek: https://www.linda-giese.de/mediathek/Hals-Chakra abgerufen.

Giese, L. (05. 11. 2015). *Das Herz-Chakra.* Von Linda Giese Mediathek: https://www.linda-giese.de/mediathek/Herz-Chakra abgerufen.

Giese, L. (04. 11. 2015). *Das Sakral-Chakra.* Von Linda Giese Mediathek: https://www.linda-giese.de/mediathek/Sakral-Chakra abgerufen.

Giese, L. (05. 11. 2015). *Das Solarplexus-Chakra.* Von Linda Giese Mediathek: https://www.linda-giese.de/mediathek/solarplexus abgerufen

Giese, L. (09. 11. 2015). *Das Stirn-Chakra.* Von Linda Giese Mediathek: https://www.linda-giese.de/mediathek/Stirn-Chakra abgerufen.

Giese, L. (03. 11. 2015). *Das Wurzel-Chakra.* Von Linda Giese Mediathek: https://www.linda-giese.de/mediathek/Wurzel-Chakra abgerufen.

Giese, L. (03. 11. 2015). *Glücksimpuls.* Von www.linda-giese.de: https://www.linda-giese.de/mediathek/glücksimpuls abgerufen.

Giese, L. (11. 11 2015). *Kronen-Chakra*. Von www-linda-giese.de: https://www.linda-giese.de/chakra/Kronen-Chakra abgerufen.

Giese, L. (Dezember 2015). Lebensberatung.

Giese, L. (2015). *Stirn-Chakra*. Von www-linda-giese.de: https://www.linda-giese.de/chakra/Stirn-Chakra abgerufen.

Giese, L. (05. 1 2016). Interview.

greenchakra.de. (17. 07 2015). *Chakras-Ernährung*. Abgerufen am 08. 01 2016 von greenchakra.de: http://greenchakra.de/Chakras-ernaehrung.html

Heller, E. (2006). *Wie Farben wirken*. Reinbek bei Hamburg: Rowohlt Taschenbuch Verlag.

Horn, N. (2015). *Yoga Basic Knowledge. Exercises, Stories, Meditation and Enlightment. Yoga for Beginners, Inner Peace and Happiness*. München: BookRix GmbH & Co. KG (E-Book).

Hunt, V. V. (1977). *A STUDY OF STRUCTURAL INTEGRATION FROM NEUROMUSCULAR, ENERGY FIELD, AND EMOTIONAL APPROACHES*. Von www.somatics.de: http://www.somatics.de/artikel/for-professionals/2-article/96-study-of-structural-integration-from-neuromuscular-energy-field-and-emotional-approaches abgerufen.

Iyengar, B. (2008). *Yoga -Der Weg zu Gesundheit und Harmonie*. London: Dorling Kindersley.

Kabat-Zinn, J., & Kesper-Grossmann, U. (2004). *Die heilende Kraft der Achtsamkeit*. Freiamt: Arbor Verlag.

Mehling, F. N. (Hrsg.). (1978). *Knaurs Lexikon*. München/Zürich: Droemer Knaur.

Menche, N. (2003). *Biologie Anatomie Physiologie*. München und Jena: Urban & Fischer Verlag.

Missou, M. (2015). *Weniger Stress. 10 Wege aus der Hektik-Hölle*. München: BookRix GmbH & Co. KG (E-Book).

Petermann, F. (2009). *Entspannungsverfahren*. (D. Vaitl, Hrsg.) Weinheim, Basel: Beltz Verlag.

Pschyrembel, W. (1998). *Klinisches Wörterbuch*. Berlin / New York: Walter de Gruyter.

Sacral Chakra. (2016). Von www.auracacia.com: http://www.auracacia.com/chakras/the-seven-chakras/sacral-chakra.php abgerufen.

Sanders, L. (1993). *Die Farben deiner Aura*. München: Goldmann Verlag.

Singer, S. & Gauder, H. (5 2011). 5 Minuten für Ihre Gesundheit! Die richtige Atemtechnik. *Gesundheitsuni am Universitätsklinikum Jena*. (G. a. Jena, Hrsg.) Jena. Abgerufen am 06. 01. 2016 von http://www.hs-schmalkalden.de/schmalkaldenmedia/Teil_4_5_Atemuebung%5B2%5D-p-14770.pdf

Stiles, K. (2015). *The First Chakra Healing Book: Discover your hidden force of transformation*. KG Stiles (E-Book).

Summers, O. (2015). *Yoga Diet: How to Energize Your Yoga Practice and Nourish Your Body for Optimal Health and Happiness*. Hillsborough: Success Life Publishing (E-Book).

Wallace, K. (2013). *Chakra Energy*. Intuitive Living Publishing (E-Book).

Wunderli, J. (1972). *Yoga und Medizin*. Stuttgart: J. Fink Verlag.

www.oneworldhealing.net. (2014). *Sahasrara – Balancing the Crown Chakra*. Abgerufen am 08. 01. 2016 von www.oneworldhealing.net: http://www.oneworldhealing.net/chakra-healing/sahasrara/

Yamashita, A. (2015). *Yoga for Beginners: Your Guide to Master Yoga Poses while Calming Your Mind, Be Stress Free and Boost Your Self-Esteem*. Manny88 (E-Book).

Die „Heilige Geometrie“ zählt seit den Zeiten der großen Weisen des Altertums zum unvergänglichen Wissen der Menschheit. Von den berühmten „platonischen Körpern“ bis zur Wiederentdeckung der „Blume des Lebens“ spannt sich eine uralte heilige Traditionslinie.
Linda Giese erschließt das alte Wissen auf eine erfrischende Art und Weise neu und macht es für die Menschen der Gegenwart mit inspirierenden Impulsen wieder zugänglich. So wird die „Heilige Geometrie“ zum Schlüssel für einen Weg nach innen. Für einen Weg, um zur Stille zu finden und neue Kreativität zu entfalten.
Alte Weisheit in neuen Gewändern für die Suchenden der Gegenwart!

Linda Giese
Die Geheimnisse der HEILIGEN GEOMETRIE
Broschur, ISBN 978-3-89427-785-7

Am Anfang des 21. Jahrhunderts verfügt die Menschheit über mehr Wissen bezüglich der Heilkräfte von Farben, Edelsteinen und Pflanzen als jemals zuvor. Zudem sind mittlerweile auch die Gesetzmäßigkeiten von Gedankenkräften bekannt und ihr Einfluss auf den Körper.

Dieses große Wissen sammelt Waltraud-Maria Hulke in einem einzigen großen Ratgeber-Buch, das es jedem ermöglicht, diese Einsichten in seinem Leben helfend und heilend anzuwenden.

Mit einfachen Mitteln lassen sich die Probleme des Alltags meistern, Krankheiten überwinden und neue innere Kräfte entfalten. Die Natur schenkt dem Menschen nahezu alles, was er zu seiner Heilung benötigt. Informativ, umfassend und leicht anzuwenden!

Waltraud-M. Hulke
Handbuch der heilenden energien
Broschur, ISBN 978-3-89427-773-4